J. Seefried

Die Christliche Taufe

Im Lichte der hl. Schrift und der Geschichte von der Zeit ihrer Entstehung bis auf die Gegenwart

J. Seefried

Die Christliche Taufe
Im Lichte der hl. Schrift und der Geschichte von der Zeit ihrer Entstehung bis auf die Gegenwart

ISBN/EAN: 9783337361754

Hergestellt in Europa, USA, Kanada, Australien, Japan

Cover: Foto ©Lupo / pixelio.de

Weitere Bücher finden Sie auf **www.hansebooks.com**

Die Christliche Taufe.

Der göttliche Lehrer.

Die
Christliche Taufe
im Lichte der hl. Schrift und der Geschichte von der Zeit
ihrer Entstehung bis auf die Gegenwart.

Von

J. Seefried.

„Ein Herr, ein Glaube,
eine Taufe"   Eph. 4, 5.

Internationale Traktatgesellschaft in Hamburg

Basel   Gland   Budapest   Watford   Christiania   Stockholm   Helsingfors
Riga   S. Petersburg   Konstantinopel   New York   Washington D. C.
College View   Nashville   Mountain View   Port Hope   Tacubaya   São
Bernardo   Buenos Aires   Santiago   Kapstadt   Lucknow   Shanghai
Tokio   Soeul   Warburton   Cooranbong.

— 1914. —

Alle Rechte vorbehalten.

Vorwort.

Welche hohe Bedeutung und große Tragweite Jesus der christlichen Taufe beilegte, geht klar aus den Worten hervor, die der erhabene Stifter derselben zu Johannes sprach, als er von ihm getauft zu werden wünschte und sich dieser weigerte, nämlich: „Also gebühret es uns, alle Gerechtigkeit zu erfüllen." Und daß dieselbe zur Seligkeit für den einzelnen Menschen notwendig sei, sagt unser Herr und Heiland selbst: „Wer da glaubet und getauft wird, der wird selig werden." Mark. 16, 16.

Vorliegende Abhandlung entstand in den knapp zugemessenen Stunden, welche der Verfasser nicht gerade für seine Berufspflichten verwenden mußte. Sie hat nicht die Aufgabe, einer neuen Auffassung von der christlichen Taufe Bahn zu brechen oder des Verfassers persönliche Ansicht und Ideen in die Öffentlichkeit zu bringen, sondern vielmehr zu zeigen, welche Neuerungen und Änderungen an der Taufe seit Ablauf des apostolischen Zeitalters im Laufe der Jahrhunderte vorgenommen wurden, so daß dieselbe, wie sie in gegenwärtiger Zeit vollzogen wird, durchaus keine Ähnlichkeit mehr mit der von Christo befohlenen und den Aposteln ausgeübten Taufe hat, besonders was die Form anbetrifft. Durch diese unberechtigten Eingriffe sterblicher Menschen in die vollkommenen Verordnungen Christi ging die wahre Bedeutung der christlichen Taufe verloren, und mit Frevlerhand wischte man den Glanz des Göttlichen davon ab.

Die Hauptabsicht des Verfassers ging vor allem dahin, die Wahrheit, wie sie uns in den Evangelien und den Briefen der Apostel über diesen wichtigen Punkt gegeben ist, zum Ausdruck zu bringen. Und da ja die hl. Schrift die einzige Autorität in Sachen der christlichen Religion ist, hat er versucht, seine Ausführungen durch biblische Zeugnisse zu begründen. Außerdem hielt er es für sachgemäß, häufige Zitate der bedeutendsten Kirchenväter, Historiker und Theologen beizufügen, um der behandelten Frage einen geschichtlichen Halt zu geben.

Während des Studiums der zahlreichen einschlägigen Werke, das der Verfasser zum Behuf seiner Arbeit machte, konnte er wahrnehmen, wie umfangreich dieses Thema ist. Doch war er genötigt, in seiner Ausführung nur auf das Allerwichtigste einzugehen, um dieselbe in einer gedrängten Form darzubieten.

Er übergibt nun dies Werk dem „Herzog unserer Seligkeit" mit der innigen Bitte, daß sein Segen es auf seinem Gang in die Welt begleiten möge.

Der Verfasser.

Inhaltsverzeichnis.

	Seite
Einleitung	11
Alttestamentliche Vorbilder der Taufe	17
Die Entstehung und Einsetzung der christlichen Taufe	22
Der Zweck und die Bedeutung der Taufe	27
Die Vorbedingungen der Taufe	31
Die Art und Weise der Taufe	56
Ununterbrochene Spuren der Taufpraxis durch Untertauchung	75
Die dreimalige Untertauchung	104
Die Begießung und Besprengung	116
Eine Menge unbiblischer Gebräuche bei der Taufe	142
Die gänzliche Entkleidung bei der Taufe	156
Materien, in und mit welchen getauft wurde	159
Die stellvertretende Taufe der Lebenden für die Toten	163
Ist außer dem Glauben auch noch die Taufe zur Seligkeit notwendig?	170
Macht die Geistestaufe die Wassertaufe überflüssig?	173
Die Kindertaufe	176
Haben die Apostel Säuglinge getauft?	178
Beschneidung und Taufe	192

Das Dogma vom vorhandenen Glauben und dem hl. Geist in den Kindern und der Wiedergeburt durch die Taufe	196
Die Entstehung und Geschichte der Kindertaufe	208
Die Konfirmation	227

Verzeichnis der Illustrationen.

	Seite
Der göttliche Lehrer	Titelbild
Vorbild und Wesen	19
Gehet hin in alle Welt!	23
Johannes, der Bußprediger und Täufer	33
Die Pfingstpredigt	37
Christus und Nikodemus	41
Paulus und Silas im Hause des Kerkermeisters	45
Johannes tauft Jesum im Jordan	61
Philippus tauft den Kämmerer	67
Inneres des Baptisteriums von San Giovanni im Lateran	79
Ruine einer Taufkapelle zu Salona	83
Ein Taufbecken aus neuerer Zeit	87
Der Ottobrunnen in Pyritz	91
Ein Taufbassin aus dem Anfang des 17. Jahrh. in Rynsburg bei Leyden	97
Eine Taufszene in Afrika	101
Der Teich Bethesda	119
Ein römisches Privathaus mit einem Badebassin im Hof	127

Israels Durchgang durchs Rote Meer	131
Die Krankenbegießung	137
Die stellvertretende Taufe der Lebenden für die Toten	167
Jesus segnet die Kinder	181

Einleitung.

Der Gründer der wahren christlichen Religion und ihr Eckstein ist Christus. Er, der die „Wahrheit" selber ist (Joh. 14, 6), war der Schöpfer all der dazu nötigen Einrichtungen. Als der von Gott gesandte Lehrer (Joh. 3, 2) war er der unfehlbare Stifter der göttlichen Lehr- und Glaubenssätze. Er war der Verordner alles dessen, was der Mensch zu glauben und zu befolgen hat, um ein Kind Gottes zu sein und selig zu werden. Und damit der Mensch in dieser Hinsicht nicht im Dunkeln und in banger Ungewißheit gelassen werden sollte, ließ es der allweise Gott durch Männer, die er durch seinen Geist erleuchtete, in das Buch der Bücher aufzeichnen, damit die Bibel für all die Jahrtausende den nachfolgenden Geschlechtern als Richtschnur und Grundlage ihres Glaubens dienen sollte. Eine Lehre oder ein Glaube, der auf einer anderen Basis aufgebaut wird, ist irdisch und menschlich und ist mit Recht zu verwerfen. Christus selbst benutzte dieses göttliche Buch, als er hier auf Erden wandelte, um all die spitzfindigen Fragen, die von seiten der Pharisäer und Schriftgelehrten an ihn gestellt wurden, zu beantworten. Daraus zeigte er den suchenden Seelen den Weg des Lebens. Mit diesem Wort, dem Schwert des Geistes, kämpfte er gegen den größten Erzfeind aller Wahrheit — Satanas — und behielt den Sieg. Matth. 4, 1–11. Für all seine Lehren berief er sich immer wieder auf das A. Testament. Er war sich voll und ganz bewußt, daß es sich hier um heilige Güter handle, die den Menschen verloren gegangen waren, und daß es seine Aufgabe sei, sie ihnen wiederzubringen und weiter zu entfalten. Er kam, um ihnen eine tiefere Erkenntnis und ein besseres Verständnis von dem zu geben, „was Gott geredet durch seine Knechte, die Propheten". So hören wir ihn immer wieder mit der tiefsten Ehrfurcht und mit heiligem Ernst sagen: „Also hat Mose geredet"; „so stehet es geschrieben im Gesetz, in den Propheten und in den Psalmen"; „also sagt Joel"; „so weissagt der Prophet Jesaja, ein Jeremia und ein Daniel"; „also spricht David durch den Geist" und schließlich: „wer an mich glaubt, wie die Schrift sagt, von des Leibe werden Ströme des lebendigen Wassers fließen". Bei Jesus galt keine Ansicht und Meinung der Menschen; ihm war nur heilig, wahr und echt, „was Gott geredet hat". Sein tägliches, inbrünstiges Gebet zu seinem himmlischen Vater für seine Nachfolger war: „Heilige sie in deiner Wahrheit; dein Wort ist die Wahrheit." Joh. 17, 17.

Nachdem Christus sein Werk auf Erden vollbracht hatte, übertrug er das Lehramt, die Verkündigung des Evangeliums, seinen zwölf Jüngern.[1] Sie waren ja diejenigen, die den Herrn seit der Taufe überall begleiteten und seine eigenen Worte vernommen hatten. Christus war ihr Lehrer, der sie unterrichtete und ausbildete, um seine Boten zu sein. Sie waren die Träger und die reinsten Quellen der Christuslehre. Ihr Predigt- und Lehrbuch waren die Bücher des A. Testaments. Es war in jenen Tagen in der christlichen Urgemeinde ein Glaube, der sich auf Gottes Wort gründete und der die Kraft hatte, die Bekenner aufs innigste zu verbinden. Ein Arm der rettenden Erbarmung umschlang sie. An einem Busen ruhten sie alle. Eine Straße pilgerten sie; einer Heimat eilten sie rastlos zu, um ewig bei dem Herrn zu sein. In einem Buche forschten und suchten sie täglich, um mit Gott und seinem Heilsplan, mit der Lehre Jesu, besser bekannt zu werden, um darnach zu tun und selig zu werden. Sie versammelten sich oft, aber nicht, um über Geheimnisse zu brüten, die keiner zu ergründen vermag, weil der Herr sie verborgen hält, sondern sie redeten von himmlischen Dingen, die für ihr Seelenheil einen praktischen Wert hatten. Man betete, aber keine erlernten Gebetsformen, — hier sprach die Inbrunst des Herzens. Da wurde keine Kritik am Worte Gottes geübt; da war kein Zank über Glaubenssachen, keine Mutmaßung, keine spitzfindige Untersuchung. Für sie war die Bibel ein göttliches Buch, ewig und vollkommen, wie Gott selber ist, sie allein war die Richtschnur und Grundlage ihres Glaubens. Die Apostel beteten zu Gott für die Gemeindeglieder, daß er sie in diesem Glauben erhalten möge; die Gläubigen beteten wiederum für die Apostel, daß er seinen Knechten Freudigkeit gebe, zu reden sein Wort. Apg. 4, 29. — Dies ist der Geist, der die erste Christengemeinde beseelte.

Die erste Wendung in der Einheit der Gläubigen kam, als die Menge der Bekehrten immer mehr wuchs. Da nicht nur Juden sondern auch Heiden in die Gemeinschaft der Gläubigen aufgenommen wurden, entstand zunächst die Frage, ob auch die Heiden sich nach dem mosaischen Gesetze beschneiden lassen müßten, um als wirkliche Bekenner Christi angesehen zu werden. Diese Frage wurde auf dem Apostelkonzil zu Jerusalem ums Jahr 52 dahin entschieden, daß die Beschneidung bekehrter Heiden nicht nötig sei, um zum Leibe Christi zu gehören. Apg. 15. Als aber das Evangelium zu Völkern mit ganz verschiedener Erkenntnis, andern Neigungen und Sitten drang und allenthalben christliche Gemeinden entstanden, da mußten die Apostel doppelte Sorgfalt darauf verwenden, daß die Reinheit des Christenglaubens, die Gebräuche beim Gottesdienst, die Begriffe und Vorstellungen der Person Jesu, vom Abendmahl und von der Taufe keine Abweichungen erlitten. Paulus, sowie auch die übrigen Apostel haben mit aller Kraft ihres ethischen Geistes auch dafür gekämpft. Wohl regte sich trotz aller Wachsamkeit treuer Hirten schon „das Geheimnis der Bosheit" in den Tagen des Apostels Paulus. 2. Thess. 2, 7. Ein Hymenäus und Alexander stellten schon damals falsche Lehrbegriffe mit solchem Erfolg auf, daß sie „wie der Krebs" um sich fraßen. 1. Tim. 1, 3–7. 19. 20; 2. Tim. 2, 16–18. Aber diese Keime späteren Abfalls wurden in ihrer Entfaltung noch durch das kräftige Auftreten erleuchteter Apostel niedergehalten. Die christliche Urgemeinde stieß solche störende Elemente noch ab, schloß ihre offenbaren Anhänger noch aus ihrer Mitte; sie konnte „die Bösen" damals noch nicht tragen. Offb. 2, 2; 2. Joh. 9. 10. Die Lehre blieb deshalb während der apostolischen Zeit innerhalb der christlichen Urgemeinde eine biblische, reine und einheitliche.

Aber wie anders ist nach diesem bald alles geworden! Im Geiste schaute schon der Apostel Paulus die Zeit, wo Spaltungen, verderbliche Irrlehren die Gemeinde Gottes durchseuchen würden. Deshalb mahnte er bei seinem Abschied zu Milet: „Denn das weiß ich, daß nach meinem Abschied werden unter euch kommen greuliche Wölfe, die der Herde nicht verschonen werden. Aus euch selbst werden aufstehen Männer, die da verkehrte Lehren reden, die Jünger an sich zu ziehen." Apg. 20, 29. 30.

Schon am Ende des 2. Jahrh., in den Tagen Tertullians, fing die sogenannte Überlieferung an, eine Rolle zu spielen, Neuerungen entstanden, neue Namen und Lehrgebräuche tauchten auf. Demgemäß berichtet auch Redenbacher: „Es taten sich auch im 2. und 3. Jahrh. mancherlei Irrtümer auf; es kamen die Gnostiker auf, welche mit dem schlichten Christenglauben nicht zufrieden waren, sondern noch eine viel höhere und tiefere Erkenntnis haben wollten."[2] Die darauf folgende Erhebung der Großkirche und

Anerkennung von seiten der Staatsmacht brachte eine Flut von Verderbnis. Das Heidentum hielt seinen siegreichen Einzug in die Großkirche, und Götzendienst und Aberglaube traten an die Stelle der Einfalt und Einheit des Urchristentums. — Da war fürwahr die verabscheuungswürdige Zeit gekommen, die Paulus schon ankündigte: die Zeit, da sie die heilsame Lehre nicht mehr leiden wollten, sondern sich nach ihren eigenen Lüsten eine Lehre schufen, nach der ihnen die Ohren juckten und sich von der biblischen Wahrheit zu menschlichen Fabeln kehrten. 2. Tim. 1, 3. 4.

Mit Schauder liest man die Geschichte späterer Jahrhunderte, die Taten der herrschenden Ungerechtigkeit, der blutigen Grausamkeit, wo man das Schwert des Christen gegen Christen führte, der verschwenderischen Prunksucht, der ekelhaften Wollust, welche von den Häuptern einer gefallenen Großkirche ohne Scham und Scheu vollzogen wurden. Kaiser, Könige, Fürsten und viele ehrwürdige weise Glieder der Kirche eiferten dagegen, um diesem Unwesen und dieser Gottlosigkeit Schranken zu setzen, aber — vergebens! Mancher fromme Diener des Herrn, welcher aus Gottes Wort die Erkenntnis des Besseren erworben hatte, wurde für seine Kühnheit, mit der er die Laster der Priester oder den Mißbrauch der Kirche strafte, in den Kerker geworfen, des Christennamens unwürdig erklärt und aus dem Schoß der Kirche gestoßen. Man hat solche, weil sie die biblische Wahrheit und die Tugend predigten, für Ketzer erklärt und des Todes würdig gefunden. So wurde z. B. auf der Synode zu Toulouse im Jahre 1299, Kanon 14, beschlossen: „Die Laien dürfen die Bücher des A. und N. Testamentes nicht besitzen."[3] Man nahm dem Volke die Bibel — die Grundlage des Christentums — und gab ihm dafür erdichtete Überlieferung und menschliche Satzungen. Päpste, Kardinäle, Bischöfe und Priester gaben sich alle erdenkliche Mühe, um „in den Gläubigen einen heilsamen Schauder vor solch giftigem Lesen der Bibel zu erwecken".[4] „Hier und dort drangen die Inquisitoren unversehens in die Häuser ein; alle irgend Verdächtigen wurden ergriffen, in scheußliche Kerker geworfen, durch die schauderhaftesten Torturen zum Geständnis der Ketzerei gezwungen und dann zum Gerichte des Feuertodes verurteilt." „Zahllos loderten die Scheiterhaufen, und die Exekution ging immer mit großer Feierlichkeit im Beisein hoher Herren und ungeheurer Volksmassen vor sich. Der Widerrufenden wartete lebenslängliche Haft."[5]

Das waren die Mittel, die man anwandte, um all den Irrlehren, den Neuerungen und den unbiblischen Lehr- und Glaubenssätzen — zu denen auch die falsche Lehre betreffs der Taufe zu rechnen ist — ihre Geltung in der Kirche zu verschaffen.

Der Kampf zwischen Wahrheit und Irrtum besteht ja, seit die Sünde in der Welt ist, und er wird von Tag zu Tag größer. In unserer gegenwärtigen Zeit genügt es nicht, nur die Wahrheit zu lehren, nein, man muß auch den Irrtum zeigen und bekämpfen, besonders da, wo er im Gewande der Wahrheit einherschleicht. Zeigen muß man die Entstellung der Wahrheit und den Ursprung solcher Entstellung nachweisen. Das soll nun die Aufgabe der nachfolgenden Darstellung mit Bezug auf die christliche Taufe sein.

Möge uns der Herr bei der näheren Betrachtung dieser Frage mit seiner göttlichen Weisheit zur Seite stehen und uns seinen hl. Geist verleihen, der uns in „alle Wahrheit leite".

Alttestamentliche Vorbilder der Taufe.

Bevor die Taufe in der Christenheit als neutestamentliche Verordnung zur Anwendung kam, wurde dieselbe schon im A. Testament

durch mancherlei Waschungen vorgebildet.

So z. B. mußte sich der Aussätzige in reinem Wasser baden. „Der Gereinigte aber soll", so lautete des Herrn Befehl, „seine Kleider waschen.... und sich mit Wasser baden, so ist er rein."[6] Auch bei sonstigen Verunreinigungen, wie sie uns in 3. Mose 15; 17, 15. 16; 22, 6 und 4. Mose 19, 19 beschrieben werden, war Waschung und Baden vorgeschrieben. Am besten wird uns aber die Taufe durch die Priesterweihe vorgebildet und veranschaulicht. Gott gebot Mose: „Und sollst Aaron und seine Söhne vor die Tür der Hütte des Stifts führen und mit Wasser waschen."[7] So wie wir als Priester des N. Bundes (1. Petri 2, 5. 9) durch die Taufe in die Gemeinde des Herrn aufgenommen werden (1. Kor. 12, 13; Gal. 3, 28), so mußte der Einzuweihende, ehe er in das Heiligtum zugelassen werden durfte, vor der Tür der Stiftshütte erscheinen, wo dann die Waschung an ihm vollzogen wurde. Nach der Waschung wurden die Priester mit Öl gesalbt. Auch diese Handlung war eine vorbildliche, und sie bezeichnet so recht die Erteilung des hl. Geistes nach der Taufe im N. Testament.

[8] Und wie im N. Bunde nur gläubige und getaufte Glieder am Abendmahl teilnehmen dürfen, so konnte der Priester des A. Bundes erst dann sich dem Tische der Schaubrote nahen und davon genießen, wenn er der Verordnung der Waschung nachgekommen war. Der Gewaschene oder dem Herrn Geweihte sollte von nun ab ein anderer, ein höherer Mensch sein. Er mußte neue Kleider anlegen (2. Mose 40, 13; 3. Mose 8, 7) zum Zeichen, daß er auch seiner Denkart nach ein neuer Mensch geworden sei. Um den neutestamentlichen Ausdruck zu gebrauchen, mußte er von nun an „in einem neuen Leben wandeln".[9] Er mußte sich mit all seinen Gaben dem Dienste des Herrn weihen. Das Weltliche und Irdische, der Reiz und Tand dieser Welt durfte in seinem Herzen keinen Raum finden, er sollte vielmehr für diese Dinge tot und empfindungslos sein. Sein Dichten und Trachten mußte höher und idealer, nämlich auf das gerichtet sein, „was droben ist, da Christus ist, nicht nach dem, das auf Erden ist".[10]

Diese verschiedenen Waschungen nennt Paulus in Ebr. 9, 10 „mancherlei Taufen, die bis auf die Zeit einer besseren Verfassung" bestanden,[11] d. h. bis Christus kommen und an Stelle der Schatten und Vorbilder das Wesen, das Wahrhaftige, setzen würde. Durch das Ritualgesetz konnte nur eine fleischliche, äußerliche und sinnbildliche Reinigung und Heiligkeit bewirkt werden. Das Sinnbildliche war notwendig, um den Menschen an daß Wahrhaftige zu erinnern, an sich konnte es das nicht wirklich mitteilen, denn es war ja nur ein Schatten, ein schwacher Schimmer und Abglanz der vollkommenen Offenbarung des Wesens und der wirklichen Dinge.[12] Daher heißt es in Ebr. 10, 9: „Da sprach er [Jesus]: „Siehe, ich komme, zu tun, Gott, deinen Willen." Da hebet er das erste [den Schatten, die Vorbilder] auf, daß er das andre [das Wesen und das Wahrhaftige] einsetze."

Vorbild und Wesen.

Die Arche in der Flut und Israels Durchgang durchs Rote Meer als Vorbilder der Taufe.

Petrus kommt in 1. Petri 3, 20. 21 auf die Sintflut zu sprechen und bezeichnet die Arche in der Flut als ein Vorbild der Taufe. Die Langmut Gottes wartete hundertundzwanzig Jahre, während Noah die Arche baute, „in welche eingehend wenige, das ist acht Seelen durch Wasser hindurchgerettet wurden". Durch die Arche wurden Noah und die Seinen sicher durch das Wasser hindurchgetragen. Sie war somit das Mittel, wodurch Noah gerettet wurde, „welches Gegenbild auch euch jetzt errettet, das ist die Taufe".[13]

Ein weiteres Vorbild der neutestamentlichen Taufe wird uns in dem Durchgang Israels durchs Rote Meer gegeben. Paulus schreibt: „Ich will euch aber, lieben Brüder, nicht verhalten, daß unsere Väter sind alle unter der Wolke gewesen, und sind alle durchs Meer gegangen, und sind alle auf Mose getauft mit der Wolke und mit dem Meer."[14] Mose streckte auf Gottes Geheiß seinen Stab aus, und das Wasser türmte sich zur Rechten und zur Linken wie eine Mauer auf und bildete somit ein tiefes Grab; über ihnen die Wolke als Decke.[15] Auf diese Weise waren die Israeliten im Meer und in der Wolke gänzlich begraben, welches ja den vollen Sinn von Taufen, d. h. Untertauchen gibt.

Die Entstehung und Einsetzung der christlichen Taufe.

Unter den alltäglichen Übungen des Lebens verlieren manche ehrwürdigen Stiftungen und religiösen Gebräuche nicht selten ihre hohe und heilige Bedeutung. Die Gewohnheit wischt sehr oft den Glanz des Göttlichen von ihnen ab und macht das Heilige gemein. Ja, man ist in unserer Zeit sogar sehr geneigt, mit leichtsinnigem Scherz die göttlichen Verordnungen zu entweihen und alle feierlichen Handlungen, die auf Christum hinweisen, entbehrlich zu finden. Verleitet durch einen falsch verstandenen Begriff von „Aufklärung" oder durch den abergläubischen Mißbrauch der Masse, die zuletzt unter Religiosität nur noch gewissenhafte Übungen äußerlicher Gebräuche versteht, zum Unwillen gereizt, glaubt sich mancher berechtigt, auf alle göttlichen An- und Verordnungen mit Geringschätzung herabblicken zu können und dieselben zu einem „menschlichen Machwerk" zu stempeln. Es ist deshalb gut, daß wir aus einst ehrwürdigen, nun aber gleichgültig gewordenen Verordnungen der Kirche Christi köstliche Erinnerungen erwecken, damit wir nicht das Himmlische gefühllos und kalt zu einer gemeinen oder wohl gar lästigen bürgerlichen Verpflichtung hinabsinken lassen, sondern uns die religiösen Handlungen mehr als eine tote und leere Zeremonie sind.

Gehet hin in alle Welt!

Daher ist es vor allem nötig, uns darüber klar zu werden, woher die christliche Taufe stammt, ob Gott oder sterbliche Menschen sie einsetzten. Um dies festzustellen, müssen wir zur Bibel greifen, in der uns der allweise Gott durch ihm geweihte Männer diese wichtigen Verordnungen als ewige Denkmäler aufzeichnen ließ. In ihr finden wir den gewissen Grund wahrer Lehre, und nach den in ihr von Gott niedergelegten Bestimmungen müssen wir ihm dienen und ihn verehren.[16] Sie allein ist unser Leitstern, der uns durch den Wirrwarr menschlicher Überlieferungen hindurchhilft.

Bevor Christus seinen Jüngern den Befehl erteilte, hinzugehen, um aller Welt das Evangelium zu predigen und die an ihn gläubig gewordenen Seelen zu taufen, war die Taufe bereits in Anwendung gebracht worden. Sie war von Gott Johannes, dem Vorläufer Christi, als ein Teil des großen Werkes, zu welchem er vom Herrn berufen war, anbefohlen. Wenn dieser von Gott sprach, so bezeichnete er ihn als den, der ihn sandte zu predigen Buße und „zu taufen im Wasser".[17] Auch Christus hatte nach Antritt seines Lehramtes seine kleine Jüngerschar angeleitet, diejenigen, die seinen Predigten lauschten, ihre Sünden bekannten und ihn im Glauben annahmen, zu taufen.[18] Aber die bestimmte Einsetzung der christlichen Taufe geschah von seiten Christi, und zwar nach seiner Auferstehung von den Toten. Kurz vor seiner Himmelfahrt versammelte er seine Jünger, die Pfeiler der neutestamentlichen Gemeinde, und gab ihnen den feierlichen Auftrag: „Gehet hin in alle Welt und prediget das Evangelium aller Kreatur. Wer da glaubet und getauft wird, der wird selig werden; wer aber nicht glaubet, der wird verdammt werden."[19] Noch genauer gibt uns Matthäus das Wort: „Gehet hin," heißt es da, „und lehret alle Völker, und taufet sie im Namen des Vaters und des Sohnes und des hl. Geistes, und lehret sie halten alles, was ich euch befohlen habe. Und siehe, ich bin bei euch alle Tage bis an der Welt Ende."[20]

Von dieser Zeit an blieb die Taufe eine der wichtigsten Handlungen der Christenheit. Ganze Scharen traten in die Ströme, um von geweihten Händen die Christenweihe zu erhalten.[21] Sogar Könige stiegen von ihren Thronen, um die Taufe, das äußere Zeichen des Bundes, zu empfangen. Jesu Geist beseelte Völker und Fürsten, und der Glaube an ihn, an sein herrliches Evangelium und an seine Lehren verbreitete sich wie ein Lauffeuer über die entferntesten Länder des Erdballs.

Der Zweck und die Bedeutung der Taufe.

Nach den Schreibern des N. Testaments erfüllt die Taufe einen ganz bestimmten Zweck, und klar reden sie bei verschiedenen Anlässen von der hohen Bedeutung derselben. Doch verwandelte man sie später durch die Vorstellung von der Natur und der Wirksamkeit der Taufe in ein abergläubisches Zaubermittel. So ist nach Cyrill von Jerusalem (gest. 386) die Taufe „das Lösegeld der Gefangenen, der Ablaß der Missetaten, der Tod der Sünde, die Wiedergeburt der Seelen, das glänzende Kleid, das heilige, unverbrüchliche Siegel, der Wagen zum Himmel, die Freude des Paradieses, die Erwerbung des Reiches, die Gabe der Kindschaft".[22] Basilius der Große (gest. 379) bedient sich derselben Bilder und Ausdrücke.[23] Und Gregor von Nazianz (gest. 390) nennt die Taufe eine „Erleuchtung, eine Flut, wodurch die Sünde vertilgt wird, eine Teilnahme am Lichte, eine Verscheuchung der Finsternis, eine Vollendung des Verstandes, einen Schlüssel zum Himmel".[24] Diese geschmückte und übertriebene Schilderung von den Vorzügen und Wirkungen der Taufe zeigt, daß dieselbe als einzige Grundbedingung zur Seligkeit gemacht wurde. Sie wurde als „Sakrament" im höchsten Grade überschätzt, welches, wie wir noch sehen werden, der Bibel völlig fremd ist.

Andere kirchliche Parteien wiederum legten der Taufe gar keinen Wert bei, hielten dieselbe als eine nur äußere Form, und es wäre ganz gleichgültig, in welcher Weise sie vollzogen und ob sie überhaupt befolgt werde oder nicht. Sie betrachten diese Einrichtung als ein lästiges Joch und behalten sich das Recht vor, dieselbe nach Gutdünken zu ändern. Sie brauchen ein System, das ihnen die Auserwählung, Begnadigung und Seligkeit leicht und bequem gewährt; haben sie diese, so machen ihnen biblische Forderungen keine Sorgen. Wir sehen somit, daß der Taufe in beiden Lagern ein Platz angewiesen wurde, den sie weder von Jesu noch den Aposteln erhielt. Es ist deshalb von großer Wichtigkeit, den Zweck ihrer Stiftung sowie ihre Bedeutung im Lichte der hl. Schrift zu betrachten.

Durch die Taufe bezweckt Gott zunächst, sich mit seinem Volk eng zu verbinden. Sie bedeutet „nicht das Abtun des Unflats am Fleisch", sondern wir schließen durch sie den „Bund eines guten Gewissens mit Gott".[25] Wir haben in der Taufe „Christum angezogen" und sind durch diesen Akt erbberechtigt. „Seid ihr aber Christi, so seid ihr ja Abrahams Same und nach der Verheißung Erben."[26] Wir erklären durch sie öffentlich, daß wir von nun an Christo nachfolgen, ihm allein gehorchen und ein Christo ähnliches Leben führen wollen. Durch die Taufe werden wir auch in die Gemeinde aufgenommen. Sie bezweckt somit auch die Vereinigung der Gläubigen und ihr harmonisches Zusammenwirken. Die Getauften gehören nun dem Leibe Christi an, sie sind Brüder geworden, alle Unterschiede des Lebens haben für sie aufgehört. „Denn wir sind durch einen Geist alle zu einem Leibe getauft, wir seien Juden oder Griechen, Knechte oder Freie, und sind alle zu einem Geist getränket."[27]

Die hohe Bedeutung der Taufe wird uns durch Paulus in Röm. 6, 3–5 klar veranschaulicht, indem er schreibt: „Wisset ihr nicht, daß alle, die wir in Jesum Christ getauft sind, die sind in seinen Tod getauft? So sind wir ja mit ihm begraben durch die Taufe in den Tod, auf daß, gleichwie Christus ist auferweckt von den Toten durch die Herrlichkeit des Vaters, also sollen auch wir in einem neuen Leben wandeln. So wir aber samt ihm gepflanzet werden zu gleichem Tode, so werden wir auch seiner Auferstehung gleich sein." Und in Kol. 2, 12 lesen wir: „Indem daß ihr mit ihm begraben seid durch die Taufe; in welchem ihr auch seid auferstanden durch den Glauben, den Gott wirket, welcher ihn auferweckt hat von den Toten." Die Taufe bedeutet nach dieser Darstellung das Begräbnis und die Auferstehung Christi. In der rechten Taufhandlung sieht jedermann in dem Begraben des Täuflings unter dem Wasser das Begräbnis Christi, und in dessen Emporheben aus dem Wassergrab die Auferstehung Christi. Wir geben uns in der Taufe Christo hin, wobei die Wirkung seines Todes und seiner Auferstehung auf uns übergeht, wie dies in dieser Handlung ja so sinnreich ausgedrückt ist. Für uns bedeutet sie ein Ablegen des alten Lebens, das Kreuzigen oder Sterben des alten Menschen und das Nehmen des Lebens des Heilandes, in welchem wir auferstehen, um hinfort in einem neuen Leben zu wandeln. Erfahrungsgemäß konnte deshalb Paulus sagen: „Ich bin mit Christo gekreuziget. Ich lebe aber; doch nun nicht ich, sondern Christus lebet in mir. Denn was ich jetzt lebe im Fleisch, das lebe ich in dem Glauben des Sohns Gottes, der mich geliebet hat und sich selbst für mich dargegeben."[28] Und ermahnend schreibt der Apostel an die Kolosser: „Seid ihr nun mit Christo auferstanden, so suchet, was droben ist, da Christus ist, sitzend zu der Rechten Gottes. Trachtet nach dem, das droben ist, nicht nach dem, das auf Erden ist. Denn ihr seid gestorben, und euer Leben ist verborgen mit Christo in Gott."[29] „Darum, ist jemand in Christo, so ist er eine neue Kreatur; das Alte ist vergangen, siehe, es ist alles neu worden."[30]

Leider hat man diese Handlung durch die spätere Einführung der Besprengung ihrer Bedeutung völlig beraubt und auf diese Weise das göttliche Andenken an die Auferstehung Christi vernichtet.

Die Vorbedingungen der Taufe.

Sahen wir im vorhergehenden, von wem und zu welcher Zeit die christliche Taufe eingesetzt wurde, so wollen wir in diesem Abschnitt zeigen, welches die Vorbedingungen waren, die man an solche Personen stellte, die da wünschten, getauft zu werden.

Zur Zeit Christi und der Apostel.

Hierbei wird es am besten sein, wenn wir alle Stellen des N. Testaments, die uns von einer Taufe berichten, einer genauen Untersuchung unterziehen. Die erste dieser Stellen wäre in Matth. 3, wo uns eine genaue Beschreibung von der Taufe des Johannes gegeben wird. Da lesen wir: „Zu der Zeit kam Johannes der Täufer und predigte in der Wüste des jüdischen Landes und sprach: Tut Buße, das Himmelreich ist nahe herbeikommen! Da ging zu ihm hinaus die Stadt Jerusalem und das ganze jüdische Land und alle Länder an dem Jordan und ließen sich taufen von ihm im Jordan und bekannten ihre Sünden."[31] Johannes war ein Bote des Herrn, der dem Lamm Gottes den Weg bereiten sollte.[32] Er hatte die Aufgabe zu predigen und zu taufen.[33] Es ist aber beachtenswert, daß er von seinen Taufbewerbern vor ihrer Taufe etwas ganz Bestimmtes verlangte, nämlich „Buße" (Sinnesänderung). „Johannes sagte dem Volk," so berichtet uns Paulus, „daß sie sollten glauben an den, der nach ihm komme, das ist an Jesum, daß der Christus sei."[34] Also

Glaube an Christum und sein Evangelium sowie „rechtschaffene Frucht der Buße" (Matth. 3, 8), d. h. lebendige, untrügliche Beweise wirklicher Sinnesänderung mußten der Taufe stets vorangehen. Johannes wies die Pharisäer und Sadduzäer von sich und taufte sie nicht, weil sie „Gottes Rat verachteten" und diesen göttlichen Anforderungen nicht nachkamen.[35] Johannes taufte also niemand (ausgenommen Christum) als nur reuige und bußfertige Sünder.

Demgemäß bemerkt Dr. Erskine: „Die Taufe Johannes wurde die Taufe der Buße und die Taufe zur Buße genannt, weil er von allen, die er zur Taufe ließ, ein Bekenntnis der Buße verlangte und sie zu einem Leben ermahnte, welches die Wahrheit ihrer Buße beurkundete."[36]

Ferner bemerkt Scott zu dieser Stelle: „Erwachsene Juden, welche Buße und Neigung bekannten, Untertanen des Reiches des Messias werden zu wollen, waren, soweit wir urteilen können, allein die Personen, welche Johannes zur Taufe zuließ."[37] Und Origenes, der alexandrinische Kirchenlehrer in der ersten Hälfte des 3. Jahrh., sagt: „Es ist sehr nötig zu bemerken, daß sowohl Matthäus als Markus sagen, das ganze jüdische Land und die von Jerusalem „bekannten ihre Sünden" und wurden darauf getauft. Matthäus aber erwähnt noch der Pharisäer und Sadduzäer, die zu seiner Taufe kamen, aber nicht ihre Sünden bekannten und deshalb von Johannes Schlangen und Otterngezüchte genannt wurden."

Johannes, der Bußprediger und Täufer.

In demselben Kapitel, Matth. 3, 13–17, wird uns von der Taufe Jesu erzählt, wie er aus Galiläa an den Jordan zu Johannes kam und sich von ihm taufen ließ. Hier war kein Unterricht, keine Belehrung und Predigt notwendig und keine Buße erforderlich. Hier hatte es Johannes mit keinem Sünder zu tun, es war der Herr der Herrlichkeit, das heilige, unschuldige und unbefleckte Gotteslamm selber. Als der Stifter der heiligen Taufe stieg er selbst in den Strom und ließ sich in seine Fluten senken, um allen seinen Nachfolgern ein Beispiel des Gehorsams zu geben. Als das Haupt seines Leibes und Vorbild seines Volkes rief er allen zu: „Also gebührt es uns, alle Gerechtigkeit zu erfüllen" (Matth. 3, 15); ja, es gebührt uns allen ohne Ausnahme, in Gottes Geboten und Ordnungen zu wandeln.

Bei seiner Taufe, mit himmlischer Kraft und dem Geiste Gottes erfüllt, trat Jesus das große, vom Vater ihm aufgetragene Werk an. Er kam, um das Verlorene zu suchen und selig zu machen.[38] Er kam, um der gottentfremdeten Menschheit den Willen des Vaters zu offenbaren und ihnen zu sagen, was sie zu tun hätten, um gerettet und Kinder des Allerhöchsten zu werden.[39] Er fing an, das Evangelium vom Reich zu predigen und sprach: „Tut Buße und glaubt an das Evangelium."[40] Wer nicht „von neuem geboren" wird, der kann das Reich Gottes nicht sehen.[41] Welches Herz sich nun dieser Botschaft öffnete, Buße tat, seine Sünden bekannte und Jesum im Glauben aufnahm, wurde von den Jüngern des Heilands getauft.[42] Das beweist, daß auch Jesus „Glaube" und „Buße" vor der Taufe forderte.

Die nächste Stelle wäre die in Matth. 28, 19. 20. Sie berichtet uns, wie Jesus seine Apostel vor der Himmelfahrt auf einem Berge Galiläas versammelte und ihnen den wichtigen Befehl gab, zu predigen und zu taufen. Aber der unfehlbare Gesetzgeber vergaß bei dieser Gelegenheit nicht, seinen Jüngern auch zugleich die Personen zu bezeichnen, an denen sie die heilige Verordnung vollziehen sollten. „Gehet hin," rief er in der Stunde seiner Verherrlichung den Aposteln zu, „gehet hin und lehret alle Völker, und taufet sie im Namen des Vaters und des Sohnes und des hl. Geistes; und lehret sie halten alles, was ich euch befohlen habe." „Wer da glaubet und getauft wird, der wird selig werden; wer aber nicht glaubet, der wird verdammt werden."[43] Die Worte unseres Meisters sind so einfach und klar, daß sie nicht mißverstanden werden können. Den Menschen muß also nach Jesu Anordnung zuerst das Evangelium gepredigt werden, sie müssen zuvor belehrt werden, unter welchen Bedingungen sie Jünger Jesu werden können.[44] Wenn sie dann aufrichtig glauben, so sollen sie als Siegel die Taufe empfangen. „Das Evangelium hören, hilft nicht," sagt Goßner, „wenn zum Hören nicht der Glaube hinzukommt, wenn das Gehörte nicht im Glauben mit Zuversicht aufgefaßt und durch den Gehorsam des Glaubens angeeignet wird. Wer es aber so auffaßt und annimmt, als wäre es vom Himmel gefallen, — wer es so tief in sein Herz fallen läßt und festhält als den größten Schatz, für den er alles hingibt, — der soll getauft werden."[45]

Lukas, der Verfasser der Apostelgeschichte, berichtet uns von der Ausbreitung des ewigen Evangeliums nach der Himmelfahrt des Heilandes und der Gründung von christlichen Gemeinden unter Juden und Heiden. Er erzählt uns von vielen Taufhandlungen, welche die Apostel und andere Diener des Herrn im Auftrage ihres Meisters ausführten.[46] Er begleitete Paulus von Troas aus auf seiner zweiten Missionsreise, wo er Augenzeuge von Taufen an Neubekehrten sein durfte.[47] Der Gedanke, der ihn bei der Abfassung dieses Geschichtswerkes beseelte, war, der Nachwelt einen „gewissen Grund" (Bericht) von dem Anfang und der Ausbreitung des Christentums zu geben.[48]

Die Pfingstpredigt.

Sehr auffallend ist es aber, mit welcher besonderen Genauigkeit er die Anforderung der Apostel, welche dieselben an ihre Taufkandidaten stellten, schildert. Das erste Beispiel davon finden wir in Apg. 2. Am Tage der Pfingsten, als die zwölf Apostel nach des Herrn Verheißung (Apg. 1, 8) die „Kraft des hl. Geistes" empfingen, trat Petrus als der erste unter den Aposteln und der, welchen Christus selbst mit der Gründung seiner Gemeinde beauftragt hatte (Matth. 16, 18. 19; Joh. 21, 15–17), auf und predigte „Jesum von Nazareth, den Mann von Gott", der sich durch viel Taten und Wunder unter Israel erwies. Er zeigte ihnen, wie die Propheten von ihm weissagten, daß er kommen und sterben sollte, und wie Gott ihn am dritten Tage von den Toten auferweckt habe und er schließlich zur Rechten Gottes erhöhet sei. Petrus schloß dann seine kraftvolle Rede mit den Worten: „So wisse nun das ganze Haus Israel gewiß, daß Gott diesen Jesum, den ihr gekreuziget habt, zu einem Herrn und Christ gemacht hat."[49] Von dieser furchtbaren Schuld und Sünde überführt, daß sie als das hochbegnadigte und auserwählte Volk, ihren ihnen von Gott gesandten König verworfen und gekreuzigt hatten, entrang sich ihren Herzen die Frage: „Ihr Männer, lieben Brüder, was sollen wir tun?" Petrus antwortete ihnen: „Tut Buße, und lasse sich ein jeglicher taufen auf den Namen Jesu Christi zur Vergebung der Sünden, so werdet ihr empfangen die Gabe des hl. Geistes." Apg. 2, 38. Alle nun, die dieser Aufforderung des Apostels nachkamen, d. h. die Buße taten und das Wort gerne annahmen, wurden getauft und der Gemeinde hinzugetan.[50]

Stadtpfarrer Bossert bemerkt noch zu dieser Stelle (Apg. 2, 38): „Petrus forderte: Tut Buße und lasset euch taufen auf den Namen des Herrn Jesu Christi, in demselben Sinne, wie die Apostel sonst Buße und Glauben als die Heilsbedingungen hinstellten. Die Taufe erscheint hier als der Akt, mit welchem der Glaube in die Erscheinung tritt, nicht aber als eine Zeremonie, welche den Glauben überflüssig macht oder den Glauben ersetzen könnte, wo er fehlt. Aus diesen Bedingungen, welche die Apostel stellten, ergibt sich, daß sie die Taufe zunächst nur an Erwachsenen vornahmen, an die Kindertaufe noch gar nicht dachten, und daß unter den Kindern der Zuhörer, für welche die Verheißung nach Apg. 2, 39 bestimmt ist, nicht unmündige Kinder zu verstehen sind, sondern die künftige Generation, welche zur Teilnahme am messianischen Heile ebenso berufen werden wird wie die Fernwohnenden."[51]

In Apg. 8, 5–13 haben wir einen weiteren Beweis, daß niemand getauft wurde, der nicht zuvor der Bedingung des Herrn nachkam: „Wer da glaubet." Philippus, einer der sieben Almosenpfleger der Gemeinde zu Jerusalem, kam durch die Verfolgung in eine Stadt in Samarien und begann, ihnen Christum zu predigen. „Das Volk aber hörte einmütiglich und fleißig zu, was Philippus sagte, und sahen die Zeichen, die er tat. Da sie aber des Philippus Predigten glaubten von dem Reich Gottes und von dem Namen Jesu Christi, ließen sich taufen beide, Männer und Weiber. Da ward auch der Simon gläubig und ließ sich taufen."

Christus und Nikodemus.

Ferner ersehen wir aus Apg. 8, 26–40, wie Philippus auf

göttliches Geheiß hin dem Kämmerer und Würdenträger der äthiopischen Königin Kandaze das Evangelium von Jesu predigte. Der Kämmerer wurde davon ergriffen und überzeugt und erklärte sich willig, dem Heiland in der Taufe zu folgen. Allein Philippus forderte zuvor ein offenes Bekenntnis von ihm, indem er ihn fragte: „Glaubest du von ganzem Herzen?" „Ich glaube," antwortete der überzeugte Eunuch, „daß Jesus Christus Gottes Sohn ist." „Und er hieß den Wagen halten, und stiegen hinab in das Wasser beide, Philippus und der Kämmerer, und er taufte ihn."

Das Gleiche finden wir auch in Apg. 9, 1–19, wo uns die Bekehrung Pauli geschildert wird. Auch er mußte zuvor an Christum gläubig werden, ehe er getauft werden konnte.

In Apg. 10 lesen wir von Kornelius, wie er von Herzen verlangte, des Herrn Willen zu erfahren, um ihm völlig dienen zu können. Durch die Erscheinung eines Engels wurde er beauftragt, nach Petrus, dem Apostel, zu senden, der ihm zeigen würde, was er zu tun hätte. „Petrus kam," so sagt die göttliche Urkunde, „und fand ihrer viel, die zusammenkommen waren." Vers 27. Er predigte ihnen dasselbe wie der Menge auf dem Pfingstfest in Jerusalem. „Von diesem Jesu", sprach er, „zeugen alle Propheten, daß durch seinen Namen alle, die an ihn glauben, Vergebung der Sünden empfahen sollen." Vers 43. Kornelius und alle, die der Botschaft Petri lauschten, glaubten an diesen sündenvergebenden Heiland und nahmen ihn in ihre Herzen auf. Als Beweis dafür fiel der hl. Geist auf sie, worauf Petrus den Befehl gab, daß man sie taufen sollte.[52]

Etwa 18 Jahre nach der Himmelfahrt des Herrn finden wir Paulus als das „auserwählte Rüstzeug" auf seiner zweiten Missionsreise, begleitet von Silas, Lukas und Timotheus. Durch ein nächtliches Gesicht in Troas erhielt Paulus den Ruf von Gott, nach Europa hinüberzugehen. Er ging nach Philippi und begann hier, das Evangelium zu predigen. Die ersten Bekehrten waren hier die Lydia, der der Herr das Herz öffnete, sowie ihr ganzes Haus, welche daraufhin getauft wurden.[53]

In demselben Kapitel wird uns berichtet, daß Paulus durch die Heilung einer Wahrsagerin in den Kerker geworfen wurde. Durch die wunderbare Errettung wurde der Kerkermeister aufs tiefste erschüttert. Er war überzeugt, daß diese Menschen (Paulus und Silas) Knechte des Allerhöchsten seien. Zitternd fiel er zu ihren Füßen nieder und fragte: „Liebe Herrn, was soll ich tun, daß ich selig werde?" Sie sprachen: „Glaube an den Herrn Jesum Christum, so wirst du und dein Haus selig! Und sagten ihm das Wort des Herrn und allen, die in seinem Hause waren." Nach diesem lesen wir: „Und er ließ sich taufen und alle die Seinen alsobald und freute sich mit seinem ganzen Hause, daß er an Gott gläubig worden war."[54]

Von Philippi setzte Paulus seine Missionsreise weiter über Thessalonich und Athen nach Korinth fort, wo er ein Jahr und sechs Monate verweilte. In dieser bedeutendsten Handelsstadt Griechenlands, die den Weltverkehr zwischen dem Orient und dem Westen vermittelte, hatte Paulus die beste Gelegenheit, die Botschaft von dem Gekreuzigten zu verkündigen. „Der Synagogenvorsteher Krispus, mit seinem ganzen Hause und viele von den Korinthern, welche hörten, glaubten und wurden getauft."[55] Trotz großem Widerstand erblühte in kurzer Zeit eine große und lebendige Christengemeinde, eine Gemeinde reich an Gaben des hl. Geistes.[56]

Paulus und Silas im Hause des Kerkermeisters.

Die letzte Stelle, welche für unsere Untersuchung ein wichtiges Zeugnis enthält, ist die in Apg. 19, 1–7. Hier wird uns erzählt, daß Paulus auf seiner dritten Missionsreise im Jahre 54 nach Ephesus kam, wo er etliche „Jünger" fand, welche außer der Taufe des Johannes nochmals auf den Namen des Herrn getauft wurden. Also stellte auch Paulus an seine Täuflinge dieselbe Bedingung wie die andern Apostel des Herrn, nämlich Glaube und Sinnesänderung.

Hierzu bemerkt Heitmüller: „Es bedarf ja kaum der Bemerkung, daß Paulus den Glauben bei dem Taufakt als vorhanden voraussetzt. Nur wer glaubte, ließ sich taufen."[57] Und Mosheim, aus der apostolischen Zeit berichtend, schreibt: „Es wurden keine anderen getauft als diejenigen, welche vorher in den Hauptwahrheiten der Religion sorgfältig waren unterwiesen worden und untrügliche Zeugnisse ihrer redlichen und heiligen Gemütsfassung abgelegt hatten."[58] Ebenso bezeugt dies der Geschichtschreiber Gottfried Arnold: „Gleicher Gestalt ging es bei der Taufe auch so ziemlich zu, daß man dem äußerlichen Werke nichts zuschrieb, und glaubte, es könnten alle Wasser keine einzige Sünde abwaschen, daher man die Neubekehrten zuvor gründlich unterrichtete und sie von dem äußerlichen Werk, dafür die Vernunft zu fallen pflegt, auf eine gründliche Veränderung des Lebens und inwendige Wiedergeburt weise."[59]

Aus diesen vielen bestimmten biblischen Zeugnissen ersehen wir die unumstößliche Tatsache, daß während den Tagen Christi und der apostolischen Zeit die Taufe nie an unmündigen Kindern, die noch jedes Selbstbewußtsein entbehren, vollzogen wurde, sondern nur solche Personen getauft wurden, die vorher Christum und sein Evangelium im Glauben in ihren Herzen aufnahmen, die „Buße taten", ihre „Sünden bekannten" und die versprachen, Gott im Geist und in der Wahrheit zu dienen.

Das Zeugnis einiger unparteiischer Bibelforscher.

Wir lassen hier noch einige unparteiische Bibelforscher zu Worte kommen, die das bestätigen, was wir eben oben ausführten. Zuerst Hieronymus (gest. 420), einer der gelehrtesten der lateinischen Kirchenväter. Er bemerkt in seinem Kommentar zu Matth. 28, 16–20: „Erst lehren sie alle Völker; dann tauchen sie die Belehrten ins Wasser ein, denn es ist unstatthaft, daß der Leib das Sakrament der Taufe empfange, wenn nicht die Seele vorher den wahren Glauben empfangen hat. Die Reihenfolge ist wichtig. Er befahl den Aposteln, daß sie zuerst alle Nationen unterrichten sollten und sie dann mit dem Sakrament des Glaubens taufen."

Ebenso auch der berühmte und ehrwürdige Johannes Goßner. Er sagt: „Der Glaube wird von dem Heilande der Taufe vorangestellt, weil seine Augen zuerst nach dem Glauben sahen und die, so getauft werden, vor allem an ihn glauben müssen; denn des Glaubens Siegel soll die Taufe sein, wie Abraham die Beschneidung empfing zum Siegel des Glaubens, den er schon vor der Beschneidung hatte. Darum darf sich kein Maulchrist auf seine Taufe verlassen ohne Glauben."[60]

Ferner *Dr.* Olshausen: „Das Bekenntnis ist als Bedingung der Taufe zu denken. Wo daher das Bekenntnis fehlte, da fiel auch die Taufe aus."[61]

Und Stadtpfarrer Bossert bezeugt: „Es ergibt sich, daß die Taufe in der Urgemeinde nur an solchen Personen vorgenommen wurde, welche zur Überzeugung geführt waren, daß Jesus der Messias ist, und welche bereit waren, alles auf sich zu nehmen, was für die Führung des Lebens sich aus diesem Glauben ergab."[62] Und Ernst Teichmann führt aus: „Die Taufe setzt den Glauben voraus. Wäre nicht zuerst der Glaube an Christum Jesum in dem Menschen vorhanden gewesen, so könnte die Taufe überhaupt nicht stattgefunden haben. Nur weil der Mensch gläubig geworden ist, wird er getauft und damit in die christliche Gemeinde aufgenommen."[63]

Zuletzt *Dr.* Martin Luther im Großen Katechismus: „Aufs dritte, weil wir den großen Nutzen und Kraft der Taufe haben, so laß nun weiter sehen, wer die Person sei, die solches empfange, was die Taufe gibt und nützet. Das ist abermals aufs feinste und klarste ausgedrückt eben mit den Worten: „Wer da glaubet und getauft wird, der wird selig," das ist, der Glaube macht die Person allein würdig, das heilsame göttliche Wasser nützlich zu empfangen. Denn weil solches allhier in den Worten bei und mit dem Wasser vorgetragen und verheißen wird, kann es nicht anders empfangen werden, denn daß wir solches von Herzen glauben; ohne Glauben ist es nichts nütze, ob es gleich in ihm selbst ein göttlicher, überschwenglicher Schatz ist. Darum vermag das alleinige Wort „wer da glaubt" so viel, daß es ausschließet und zurücktreibt alle Werke, die wir tun können, der Meinung, als dadurch Seligkeit zu erlangen und verdienen. Denn es ist beschlossen, was nicht Glaube ist, das tut nichts dazu, empfängt auch nichts."[64]

Nach Ablauf des apostolischen Zeitalters

finden wir noch bis in das 4. Jahrh. hinein Spuren davon, daß Buße und Glaube als subjektive Bedingung der Taufe gefordert wurden. Justin der Märtyrer (gest. 166), der berühmteste unter den griechischen Apologeten, berichtet: „Nur die, welche wiedergeboren werden wollen und Buße tun, empfangen die Taufe."[65]

In Tertullian (gest. 230) besitzen wir einen weiteren Zeugen dafür, daß ein Unterricht der Taufe voranging und der Glaube an den Gekreuzigten zum Empfang derselben erforderlich war. Er bezeugt dies in klaren Worten in seinem Protest gegen die Idee der Kindertaufe, bei welcher Gelegenheit er auch gleichzeitig den Grund dafür angibt: „Sie sollen demnach auch kommen, wenn sie herangewachsen sind, wenn sie gelernt haben, wenn sie darüber belehrt sind, wohin sie gehen sollen; sie mögen Christen werden, sobald sie imstande sind, Christum zu kennen. Sie mögen lernen, um ihr Seelenheil bitten, damit es den Anschein gewinne, daß man nur einem Bittenden gegeben habe."[66] Ferner schreibt er: „Sobald der Glaube an Umfang gewonnen hatte durch den Glauben an Christi Geburt, sein Leiden und seine Auferstehung, so kam auch eine Erweiterung durch das Sakrament hinzu, die Besiegelung durch die Taufe als äußere Hülle für den Glauben... Das Predigen ist das frühere, das Taufen das spätere."[67] Ebenso in seiner Schrift „Vom Kranze des Soldaten", wo er sagt, daß sie erst dann die Taufe erhalten, wenn sie „vorher in der Kirche unter der Hand des Bischofs die Erklärung abgegeben, daß sie dem Teufel, seiner Pracht und seinen Engeln widersagen".[68] Tertullian sah also in der Taufe gar keinen Wert, wenn sie an solchen Personen vollzogen wurde, denen das Selbstbewußtsein und der persönliche Glaube fehlte.

Prof. Dr. Probst führt zu diesem Punkt aus: „Jeder Ungläubige, der um Aufnahme in die Kirche bat, wurde mit Freuden aufgenommen, jedoch nicht sogleich zur Taufe, sondern vorerst zum Katechumenate zugelassen. In ihm fand die Vorbereitung auf den Empfang der Taufe, sowohl nach der intellektuellen als moralischen Seite statt. Wenn die Katechumenen das, was gelehrt wurde, glaubten und darnach zu leben versprachen, erhielten sie das Sakrament, während man schlecht vorbereitete Katechumenen zurückstellte oder ganz abwies."[69] Walfried Strabo, ein bedeutender theologischer Schriftsteller der ersten Hälfte des 9. Jahrh., schreibt in seinem Buch *De exordiis et incrementis rerum ecclesiasticarum*: „Es ist bemerkt, daß in primitivem Alter die Gnade der Taufe nur denjenigen gegeben wurde, die in Körper und Verstand zu solcher Reife herangewachsen waren, daß sie die Wohltat, die durch die Taufe erlangt wird, verstehen und würdigen." Salmasius (gest. 1653) und Suicerus (gest. 1684) erklären: „Die ersten zwei Jahrhunderte empfing keiner die Taufe, der nicht zuerst in dem Glauben und der Lehre Christi unterrichtet worden war."[70]

Auch in der alexandrinischen Kirche, welche sich mit allen ihren theologischen und dogmatischen Begriffen von der nordafrikanischen wesentlich unterschied und wo die Lehre von der Notwendigkeit der Kindertaufe schon ziemlich vorherrschend war, finden wir noch die apostolische Einrichtung, der zufolge vom Täufling vor dem Empfang der Taufe rechtschaffene Früchte der Buße verlangt wurden, sowie ein offenes Bekenntnis seines Glaubens. Den Beweis dafür entnehmen wir den Schriften des Origenes: „Ich flehe euch an," sagt er, „nur mit großer Behutsamkeit zur Taufe zu kommen. Zeiget vorher Früchte der rechtschaffenen Buße. Bringet einige Zeit mit göttlichem Gespräch zu, indem ihr euch vor allen Unreinigungen und allem Übel bewahrt, dann werdet ihr die Verzeihung der Sünde empfangen."[71] „Laß ein jeder sich ins Gedächtnis zurückrufen, wie er zuerst zu dem Wasser der Taufe kam, als er die ersten Symbole des Glaubens empfing, und er sich dann dem Brunnen des Heils näherte, welche Worte er zu jener Zeit brauchte, wie er dem Teufel lossagte, daß er seine Gepränge nicht mehr brauchen würde, noch seine Worte, und daß er keinem seiner Dienste oder Vergnügungen nachkommen würde."[72] Und in seiner Schrift gegen Celsus schreibt Origenes: „Wenn aber diejenigen unter den Ermahnten, die im Guten Fortschritte machen, zeigen, daß sie durch das Wort gereinigt worden sind und soviel als möglich ein besseres Leben geführt haben, dann laden wir sie ein, sich in unsere Gemeinschaft aufnehmen zu lassen."[73] „Wenn wir aber zur Gnade der Taufe kommen, widersagen wir allen andern Göttern und Herrn und bekennen allein Gott den Vater und Sohn und hl. Geist." Hierzu bemerkt noch Prof. *Dr.* Probst: „Das Symbolum wurde aber vom Täufling nicht etwa auf gemachte Aufforderung vollständig hergesagt, sondern das Bekenntnis derselben geschah in der Form von Frage und Antwort."[74]

Die Briefe Cyprians aus dem Ketzertaufstreite legen ebenfalls ein unzweideutiges Zeugnis dafür ab, daß das Glaubensbekenntnis vor der Taufe in Form von Frage und Antwort abgelegt wurde. Cyprian schreibt: „Es macht nun vielleicht jemand den Einwurf und sagt, Novatian halte sich mit der katholischen Kirche an dasselbe Gesetz, er taufe auf die gleiche Art wie wir, er anerkenne denselben Gott Vater, denselben Christus den Sohn, denselben hl. Geist und dürfe deshalb die Gewalt zu taufen in Anspruch nehmen, weil er in der Fragestellung bei der Taufe von uns nicht abzuweichen scheint. Wer immer nun diesen Einwand vorbringen zu müssen glaubt, der möge zuerst wissen, daß wir und die Schismatiker nicht dasselbe Glaubensbekenntnis bei der Taufe noch auch die nämliche Fragestellung haben. Denn wenn sie sagen: Glaubst du an den Sündennachlaß und an das ewige Leben durch die heilige Kirche? — so lügen sie mit dieser Frage, da sie keine Kirche haben."[75] Ebenso schreibt Cyprian im Namen zahlreicher auf einem Konzil versammelter Bischöfe: „Aber auch die bei der Taufe gebräuchliche Fragestellung gibt der

Wahrheit Zeugnis. Denn wenn wir sagen: Glaubst du an das ewige Leben und an die Vergebung der Sünden durch die heilige Kirche? so verstehen wir damit, daß nur in der Kirche Sündenvergebung erteilt werden könne."[76]

Ein gleiches klares Zeugnis findet sich auch in den katechetischen Schriften des Cyrill von Jerusalem (gest. 386). Nachdem der Täufling sich von Satan lossagte, wandte er sich gegen Sonnenaufgang und bekannte: „Ich glaube an den Vater und an den Sohn und an den hl. Geist und an eine Taufe der Buße."[77] Dies bestätigt Cyrill in seiner zweiten mystagogischen Katechese, Kap. 4, indem er sagt: „Es wurde ein jedes gefragt, ob es glaube an den Namen des Vaters und des Sohnes und des hl. Geistes. Und er bekannte das heilbringende Bekenntnis."

Es muß hier aber bemerkt werden, daß schon seit dem Anfang des 3. Jahrh. die Ablegung des Glaubensbekenntnisses vielfach nur noch etwas bloß Oberflächliches und Äußerliches war. Man gestaltete den Weg des Heils immer breiter und machte es den Heiden, die zur christlichen Kirche übertraten, leicht und bequem. Und da man es für verdienstlich hielt, die Herde Christi schnell zu vermehren, so suchten sich die sogenannten Heidenapostel durch Massenbekehrungen Ruhm zu erwerben. Gründlichen Unterricht im Evangelium und wahre Herzensbekehrung sah man bald als hinderliche Dinge an. Man ließ sich von dem falschen Grundsatz leiten, daß, wenn der Heide nur einmal der christlichen Kirche angehöre, der Geist des Evangeliums und die Wirksamkeit ihrer Lehrer ihn stufenweise weiterführen könne.

Nach diesem Grundsatz suchte Gregorius Thaumaturgos (gest. 270), Glieder für die Kirche Jesu Christi zu gewinnen. Neander schreibt in seiner Kirchengeschichte von ihm: „Da er wahrnahm, daß viele aus dem Volke durch die Liebe zu ihren alten mit dem

Heidentume verbundenen Lustbarkeiten an die väterliche Religion gefesselt blieben, so wollte er den Neubekehrten einen Ersatz dafür geben. Nach der decianischen Verfolgung (250), welche viele in dieser Gegend dem Märtyrertode zugeführt hatte, stiftete er ein allgemeines Märtyrerfest und erlaubte der rohen Menge, dies mit ähnlichen Gastmählern wie bei den heidnischen Totenfeiern (*Parentalia*) und bei andern heidnischen Festen zu feiern. Er meinte, so werde ein Hindernis der Bekehrung hinwegfallen, und wenn sie einmal Mitglieder der christlichen Kirche wären, würden sie nach und nach von selbst, nachdem ihr Sinn durch das Christentum vergeistigt worden, die sinnlichen Vergnügungen fahren lassen. Aber er bedachte nicht, welche Vermischung heidnischer und christlicher Vorstellungen und Gebräuche aus dieser Anbequemung hervorgehen konnte, — was nachher wirklich geschah — wie schwer das Christentum im Leben recht durchdringen konnte, wenn es von Anfang an durch diese Vermischung getrübt wurde."[78]

Wie weit aber damals schon der sittliche Verfall der Christenheit vorgeschritten war, ersehen wir aus folgendem Zeugnis Cyprians: „Alle ließen sich nur die Vermehrung ihres Vermögens angelegen sein und waren, vergessend, was die Gläubigen früher zu den Zeiten der Apostel getan hatten und immer tun sollten, voll unersättlicher Habgier nur darauf bedacht, ihre Schätze zu vermehren. Bei den Priestern fehlte es an frommer Gottesfurcht, bei den Kirchendienern an wahrem Glauben, in den Werken an Barmherzigkeit, in den Sitten an Zucht." „Durch schlauen Betrug hinterging man die Herzen der Einfältigen, durch listige Kunstgriffe suchte man die Brüder zu berücken. Mit Ungläubigen knüpfte man das Band der Ehe, gab Heiden die Glieder Christi preis. Man schwur nicht bloß leichtsinnig sondern auch falsch, die Vorsteher verachtete man in hochmütigem Dünkel, verleumdete einander mit giftigem Munde, war gegenseitig mit andauerndem Hasse entzweit. Viele Bischöfe, welche die andern ermahnen und ihnen zum Beispiele dienen sollten, ließen sich mit Vernachlässigung ihres göttlichen Amtes zur Verwaltung weltlicher Geschäfte herab, entfernten sich von ihrem Stuhle, ließen das Volk im Stich, schweiften in fremden Provinzen umher und besuchten die Jahrmärkte, um einträgliche Geschäfte zu machen."[79]

Überschreiten wir das 4. Jahrh., so werden wir finden, daß die biblischen Vorbedingungen der Taufe immer seltener und schließlich gänzlich außer acht gelassen werden. Durch die in der Mitte des 3. Jahr. aufgekommene Kindertaufe finden wir die stärksten Verschiebungen der einzelnen Akte. Der bußfertige Glaube, der, wie wir sahen, in den Tagen der Apostel und auch noch bis in die Zeit des Cyrill von Jerusalem als subjektive Bedingung der Taufe gefordert wurde, mußte wegfallen, und das Ablegen des Glaubensbekenntnisses und Gelübdes kann heute nicht mehr vor der Taufe sondern viele Jahre nachher, nämlich erst bei der Konfirmation, stattfinden.

Die Art und Weise der Taufe.

Um uns über die Art und Weise der Taufe klar zu werden, d. h. wie die Taufe ausgeführt werden sollte, müssen wir zuerst den Sinn oder die Bedeutung der Wörter „Taufe" oder „taufen" verstehen. Diese zwei Wörter sind die Übersetzung der griechischen Wörter *„baptismos"*, *„baptizein"* und *„bapto"* und bedeuten eintauchen, versenken, untertauchen oder begraben. Alle guten griechischen Wörterbücher und Sprachlexika legen dem Wort diese Bedeutung bei.

Bei allen griechischen Schriftstellern und Historikern, wo die Wörter *„baptismos"*, *„baptizein"* und *„bapto"* von ihnen angewandt werden, bedeuten sie allemal ein Eintauchen ins Wasser. Plutarch braucht sie vom Untertauchen ins Meer, und das Stammwort *„bapto"* heißt beim Aratus und Sophokles ebenfalls untertauchen.[80] Auch Polybius, der Verfasser einer Universalgeschichte, sowie Strabo und Dio Cassius gebrauchten die Wörter in diesem Sinne. Wenn nun diese Männer diesen Wörtern die oben genannte Bedeutung beilegen, so können wir ihnen volles Vertrauen entgegenbringen, denn sie mußten doch ihre eigene Sprache besser kennen als Fremde.

Auch die größten Autoren und Sprachkundigen der neuen Zeit stimmen mit der hier gegebenen Erklärung der Wörter überein. So erklären *Dr.* Holzmann und *Dr.* Zöpffel das Wort *„baptismos"* mit „Eintauchen ins Wasser".[81] Eisenlohr, der von der Bedeutung dieses Wortes spricht, sagt: „Dieses heißt nach dem Urteil aller der griechischen Sprache Kundigen untertauchen."[82] Und Liebmann legt dem Worte „Taufe" die Bedeutung von „vertiefen, in die Tiefe tun", d. h. gleichfalls „untertauchen", bei.[83] Ebenso *Dr. Heyne*: „Taufen, untertauchen, das Sakrament der Taufe vollziehen; ursprünglich Bewirkungswort zu tief mit der Bedeutung in die Tiefe, unter die Oberfläche (des Wassers) bringen."[84] Dieselbe Erklärung geben auch Bauch und Bury in Luthers Kleinem Katechismus, S. 134. Sie schreiben: „Zu der ersten Zeit wurde die Taufe durch völliges Untertauchen im Wasser vollzogen, daher der Name „Taufe", d. i. „Tauchen"." Ebenso Weigand in seinem „Deutschen Wörterbuch", sowie Prof. Friedrich Kluge in seinem „Etymologischen Wörterbuch der deutschen Sprache", 5. Aufl., S. 373. Und Luther sagt in seinem „Sermon von der Taufe" vom Jahre 1519: „Die Taufe heißt auf griechisch *baptismos*, zu Latein *merso*, das ist, wenn man etwas ganz ins Wasser taucht, das über ihm zusammengeht. Und wiewohl an vielen Orten der Brauch nimmer ist, die Kinder in die Taufe ganz zu stoßen und zu tauchen, sondern sie allein mit der Hand aus der Taufe begießt: so sollte es doch so sein und wäre recht, daß man nach Laut des Wörtleins Taufe das Kind oder jeglichen, der getauft wird, ganz hinein ins Wasser senkte und taufte und wieder herauszöge. Denn auch ohne Zweifel in deutscher Zunge das Wörtlein „Taufe" herkommt von dem Wort „tief", daß man tief ins Wasser senkt, was man tauft. Das fordert auch die Bedeutung der Taufe; denn sie bedeutet, daß der alte Mensch und sündliche Geburt von Fleisch und Blut soll ganz ersäuft werden durch die Gnade Gottes. Darum sollte man der Bedeutung genugtun und ein recht vollkommenes Zeichen geben."[85] *Dr.* Augusti bestätigt dies, indem er schreibt: „Was zuvörderst die allgemein angenommene Benennung anbetrifft, so bezeichnen die beiden Formen: „*baptismus*" und „*baptisma*", sie mögen nun synonym [sinnverwandt] sein oder nicht, nach Etymologie und Sprachgebrauch ein Untertauchen, Eintauchen usw.; und die Wahl des Ausdruckes verrät ein Zeitalter, wo die später üblich gewordene Besprengung (*ritus aspersionis*) noch nicht eingeführt war.... Die Griechen blieben auch stets bei dieser Bedeutung stehen."[86]

Dies liefert uns den Beweis, daß, wo diese Wörter im N. Testament vorkommen, sie ebenfalls dieselbe Bedeutung haben. Doch versuchte man schon oft zu behaupten, und das besonders in neuerer Zeit, daß gewisse Wörter, wenn sie in der Bibel vorkommen, eine andere Bedeutung hätten, als wenn sie sonstwo gebraucht werden. Dies wird insbesondere von den griechischen Wörtern „*baptizein*", „*bapto*" und „*baptismos*" behauptet. Diese Behauptung ist aber gänzlich unberechtigt. Man kommt zu dieser Behauptung nur dadurch, weil man den Sinn dieser Wörter von falschem Gebrauch oder Ausführung der Taufe abhängig macht, oder besser gesagt, man will durch die Handlung, wie sie heutzutage ausgeführt wird, den Sinn der Wörter bestimmen und erklären. Wenn wir aber nach dem Sinn eines Wortes suchen, sollten wir vor allem dasselbe von allen solchen fremden Elementen zu befreien suchen. In dem vorliegenden Falle hatte das Wort „Taufe" einen festgelegten Sinn, bevor es gebraucht wurde, um eine christliche Handlung zu bezeichnen. Wenn aber die Handlung nicht so geschieht, daß sie dem Sinn des Wortes entspricht, dann kann uns das dafür gebrauchte Wort keinen korrekten Begriff von derselben übermitteln; und solch eine Anwendung würde nur dazu angetan sein, um große Verwirrung zu stiften.

Wir können durchaus nicht annehmen, daß der erhabene Stifter dieser Einrichtung in seiner Anweisung beabsichtigte, betreffs der Art und Weise der Ausführung der Taufe seine Nachfolger im Unklaren zu lassen. Er wählte vielmehr ein Wort, das eine bestimmte Handlung in der Ausübung der Taufe und eine festbegründete und unverkennbare definitive Bedeutung hatte, nämlich die des Untertauchens. Aus dem bisher Gesagten ersehen wir klar, daß Untertauchen die einzig richtige Art und Weise der Vollziehung der christlichen Taufe ist.

Das Zeugnis des Neuen Testaments.

Das N. Testament wird uns in unserer Untersuchung eine gute Hilfsquelle sein. Es ist das zuverlässigste Geschichtswerk, das uns von den Taten Jesu und der Apostel berichtet. In ihm werden uns auch die vielen Taufen mitgeteilt, die in jenen Tagen durch die Apostel an den Neubekehrten vollzogen wurden, wobei wir die ursprüngliche Praxis der Taufe und mit ihr auch die bestimmte Form und Anwendung derselben finden. Wir unterwerfen deshalb die in Frage kommenden Stellen einer genauen Prüfung.

Die erste Stelle wäre Matth. 3, 5. 6. Hier wird uns erzählt, wie Johannes der Täufer auf Gottes Geheiß in die Wüste des jüdischen Landes ging, um zu predigen und dem kommenden Messias den Weg zu bereiten, ihm „zuzurichten ein bereit Volk". Durch seine Predigt stellte er die Anforderung an seine Zuhörer, daß sie sollten „Buße" tun und „glauben an den, der nach ihm kommen sollte, das ist an Jesum, daß der Christus sei".[87] Wer nun dieser Aufforderung nachkam, wurde von Johannes getauft. Wir wollen aber bei dieser Gelegenheit eine für unsere Untersuchung sehr wichtige Frage nicht unbeachtet lassen, und das wäre die: Welche Art und Weise brachte Johannes bei der Ausführung dieser göttlichen Verordnung an diesen bußfertigen Sündern in Anwendung? Vollstreckte er diese wichtige Handlung durch Untertauchen, Übergießen oder Besprengen? Wir sind bei der Beantwortung dieser Frage durchaus nicht an menschliche Auslegungen, Meinungen und Ideen gebunden. Der göttliche Bericht ist so einfach und klar, daß er nicht mißverstanden werden kann. Er lautet: „Da ging zu ihm hinaus die Stadt Jerusalem und das ganze jüdische Land und alle Länder an dem Jordan und ließen sich taufen von ihm im Jordan und bekannten ihre Sünden."[88] Man beachte, daß es hier ausdrücklich heißt und ließen sich taufen von ihm nicht „am" sondern „im" Jordan. Außerdem wird uns noch berichtet, daß Johannes der Täufer sich eine Stelle im Jordan aussuchte, da „viel Wasser" war. Siehe Joh. 3, 23. „Viel Wasser" ist sicherlich nicht zur modernen Ausübung der Besprengung (*aspersio*) oder Begießung (*infusio*) nötig. Er wählte vielmehr Enon zur Taufe, weil er daselbst genügend tiefes Wasser zum Untertauchen (*immersio*) hatte, damit er in richtiger Art seines göttlichen Meisters Verordnung ausführen konnte. Dies wird ein jeder vorurteilsfreie und unbefangene Leser zugeben müssen.

Der Kirchenpropst A. Caspers führt hierzu aus: „Johannes sagt ‚Ich taufe euch im Wasser', Matth. 3, 11 (vergl. Mark. 1, 8), womit aufs deutlichste ausgesprochen ist, daß die Taufe nicht im Hinabsteigen und Heraufsteigen aus dem Wasser besteht, sondern daß Johannes den Täufling, der in dem Wasser steht, in das Wasser, in welchem er steht, untertaucht, so daß das Wasser über des Täuflings Kopf zusammenschlägt, wodurch der Täufling im Wasser sich befindet wie ein Begrabener im Grabe.[89] Es zerfiel also die Taufe in drei Akte: in das Hinabsteigen des Täuflings in das Wasser, in das Untertauchen desselben von seiten des Täufers und das Heraussteigen aus dem Wasser."[90]

Johannes tauft Jesum im Jordan.

Und Calvin bemerkt zu der Stelle: „Von diesen Worten, Joh. 3, 23, können wir entnehmen, daß die Taufe von Johannes und Christo durch Eintauchen des ganzen Leibes unter Wasser vollzogen wurde."[91]

Auch Olshausens Aussage ist bemerkenswert. Er sagt: „Als Jesus die Stadt verließ, begab er sich gegen den Jordan hin, wo er taufte, aber doch so, daß er im jüdischen Lande blieb. — In der Nähe taufte auch Johannes, weil tiefes, zum Untertauchen bequemes Wasser da war."[92]

Dr. Paulus Tassani in seiner Bibelausgabe Minden, 1716, zu Joh. 3, 23: „Wasser, d. h. Flüsse oder Bäche; weil diejenigen, so von Johannes getauft wurden, mit ihren ganzen Leibern in das Wasser gingen."

Eine weitere Stelle wäre Matth. 3, 16. Hier heißt es „Da Jesus getauft war, stieg er alsbald herauf aus dem Wasser." Noch genauer gibt es uns der Evangelist Markus in Kap. 1, 9. 10 „Und es geschah in jenen Tagen, da kam

Jesus von Nazareth in Galiläa und wurde von Johannes in den Jordan getauft."[93] Das „in den Jordan getauft" und „er stieg alsbald aus dem Wasser" gibt uns wieder vollständig den Sinn des Hineintauchens. Wir können hier nicht annehmen, daß Johannes bei der Taufe Jesu, was die Form derselben anbetrifft, etwas Besonderes getan habe. Er hat also unter „taufen" nichts anderes als „untertauchen" verstanden.

Dementsprechend schreibt auch *Dr.* A. Caspers: „Daß Taufen Untertauchen heißt, das tritt deutlich hervor in Mark. 1, 9, wo ausdrücklich gesagt wird: „Jesus wurde von Johannes in den Jordan getauft." Es bedarf also das Wort: „in den Jordan" keiner Auflösung in zwei Sätze: er stieg in den Jordan hinab und ließ sich dann in dem Jordan taufen."[94] Und Vossius bezeugt: „Daß Johannes der Täufer und die Apostel diejenigen, welche sie tauften, untertauchten, leidet keinen Zweifel. Denn also lesen wir: Und sie ließen sich alle von ihm taufen im Jordan. — Und da Jesus getauft war, stieg er bald herauf aus dem Wasser."[95]

Ferner *Dr.* Olshausen in seinem Kommentar zu Matth. 3, 16: „Die Form der Taufe des Johannes wird nicht weiter geschildert; ob der Täufer Worte, und welche Worte er über Jesum sprach, bleibt unberührt. Was mitgeteilt wird, fällt alles nach vollzogener Taufe, nämlich bei dem Auftauchen aus dem Wasser. Daß die Ausgießung des Geistes nicht vor dem Untertauchen erfolgte, stimmt ganz mit dem symbolischen Charakter der Handlung überein. Vergl. Röm. 6, 1. ff. Die eine Hälfte der Handlung (das Untertauchen) repräsentiert das Negative, das Hinwegnehmen des Alten (Röm. 6, 4); in der andern Hälfte (dem Auftauchen) war das Positive, das Hervortreten des Neuen, angedeutet; an diese mußte sich daher die Mitteilung des Geistes anschließen."

Jesus gebrauchte das Wort „Taufe", indem er die Größe

seiner Leiden schildert. „Ich muß mich taufen lassen", sagt er, „mit einer Taufe, und wie ist mir so bange, bis sie vollendet werde!"[96] Wer kann wohl beim Lesen dieser Worte an ein zartes Besprengen oder Beträufeln mit Leiden denken? Das „wie ist mir so bange, bis sie [die Leidenstaufe] vollendet werde" zeigt an, daß Jesus in das überwältigende Meer der Leiden versenkt und gleichsam eine Zeitlang darin begraben werde. *Dr.* O. v. Gerlach bemerkt zu dieser Stelle (Matth. 20, 22) folgendes: „Der Kelch bedeutet ein großes zugemessenes Maß von Leiden (Ps. 75, 9; Jer. 25, 15; 49, 12; Joh. 18, 11), geht vielleicht besonders auf Jesu schwere Leiden vor der Kreuzigung; die Taufe ist noch mehr: völliges Untertauchen darin, sein blutiger Tod. Ps. 42, 8; 69, 2; 124, 4. 5; Luk. 12, 50."[97]

Dr. Bernhard Weiß bemerkt zu Mark. 10, 38. 39: „Im übrigen kennen wir das Gespräch Jesu mit ihnen schon aus Matth. 20, 22 ff., nur daß hier das ihnen, wie ihm selbst bestimmte Leidensgeschick noch unter einem andern Bilde als eine Taufe dargestellt wird, in welcher die Wasser der Trübsal, in die sie untertauchen müssen, über ihrem Haupte zusammenschlagen."[98] Ebenso zu Luk. 12, 50: „Aber freilich muß dieser Widerspruch gegen sie zunächst ihn selbst treffen, und er dadurch in die Wasserfluten des Leidens versenkt werden, wie man in der Taufe in Wasser untergetaucht wird."[99]

Die Umstände, welche die Taufe des Kämmerers aus Äthiopien begleiten, geben uns wichtiges Material für unsere Untersuchung. Philippus' Predigt von Jesu als dem Lamme, das um unsertwillen zur Schlachtbank geführt wird, von Zukunft, Gericht, Rettung und Taufe macht einen solchen Eindruck auf den Suchenden, daß er bei der sich bietenden Gelegenheit die Taufe verlangte (Apg. 8, 36–39), um mit diesem Sünderheiland begraben und verbunden zu werden. „Siehe, da ist Wasser," sagte der Kämmerer, „was hindert's, daß ich mich taufen lasse?... Und er hieß den Wagen halten, und stiegen hinab in das Wasser beide, Philippus und der Kämmerer, und er taufte ihn. Da sie aber heraufstiegen aus dem Wasser, rückte der Geist des Herrn Philippus hinweg, und der Kämmerer sah ihn nicht mehr."

Nach diesem klaren Bericht unterliegt es wohl keinem Zweifel, daß auch dieser Kämmerer durch Untertauchen getauft wurde, denn wenn die Handlung nicht auf diese Art und Weise ausgeführt wurde, wozu wäre es nötig gewesen, daß beide in das Wasser hinabstiegen? Philippus war sich ebenfalls, wie auch Johannes der Täufer, über den Sinn und die Bedeutung des Wortes „Taufe" vollständig klar; er wußte, daß es „untertauchen" oder „begraben" heißt, niemals aber „besprengen" oder „begießen".

Demgemäß bemerkt Calvin in seinem Kommentar zu Apg. 8, 38: „Hier sehen wir, wie die Taufe bei den Alten verrichtet wurde, denn sie tauchten den ganzen Leib in das Wasser." Ebenso Starke: „Und der Kämmerer hieß den Wagen halten, und stiegen hinab in das Wasser, beide, Philippus und der Kämmerer, und Philippus taufte ihn im Namen des dreieinigen Gottes durch Eintauchung."[100]

Desgleichen auch Quenstedt: „Untertauchen ist gleichsam ein Begräbnis, Auftauchen eine Auferstehung. Es stehet geschrieben, Apg. 8, 38. 39, daß Philippus mit dem Kämmerer hinab in das Wasser stieg und ihn darauf taufte; und es wird hinzugefügt, daß nachdem die Handlung vollzogen war, sie beide wieder herauf aus dem Wasser stiegen. Sowohl die morgen- als abendländische Kirche hielten sich sehr lange an den Gebrauch des Untertauchens."[101]

Philippus tauft den Kämmerer.

Dr. Towerson fragt mit Recht: „Wozu wäre es nötig gewesen, daß die Täufer sich immer dahin begeben hätten, wo viel Wasser war, oder daß Philippus mit dem Kämmerer in dasselbe hineinstieg, wenn nicht die Taufe durch Untertauchen vollzogen worden wäre? Da ja, wie wir bei uns sehen, sehr wenig Wasser zur Begießung oder Besprengung hinreicht?"[102]

Paulus, der einen besonders tiefen Einblick in Gottes Erlösungsplan hatte, spricht zweimal von der Taufe als von einem Begräbnis. Diese Ausdrucksweise gibt uns vollständig den richtigen Sinn des Wortes „untertauchen". Der Ausdruck wäre aber keinesfalls gut gewählt, wenn beabsichtigt würde, „besprengen" oder „begießen" darzustellen. „So sind wir ja mit ihm begraben durch die Taufe in den Tod, auf daß, gleichwie Christus ist auferweckt von den Toten durch die Herrlichkeit des Vaters, also sollen auch wir in einem neuen Leben wandeln."[103] Ebenso auch in Kol. 2, 12: „Daß ihr mit ihm begraben seid durch die Taufe; in welchem ihr auch seid auferstanden durch den Glauben, den Gott wirket, welcher ihn auferweckt hat von den Toten." Der Sinn dieser Stelle ist einfach der, daß, wie Christus gestorben ist, so sollen auch wir unserem bisherigen sündhaften Leben absterben (Kol. 3, 1–3), unser Fleisch samt den Lüsten und Begierden kreuzigen und durch die Taufe begraben.[104] Und wie Jesus, durch die Allmacht seines Vaters auferweckt, nicht mehr das vorige Leben im Staube der Niedrigkeit sondern ein höheres begann, so soll auch das Kind Gottes aus der Taufe heraufsteigen, nicht mehr ein Leben im Dienste der Sünde fortzusetzen, sondern um ein neues vollkommenes Leben im Dienste seines gekreuzigten Heilandes, der Pflicht und der Menschheit zu beginnen.[105]

Diese Darstellung Pauli von der Taufe liefert uns den Beweis, daß auch der große Heidenapostel die Anordnung

Jesu im Sinne von Untertauchen verstanden hat und sie in dieser Art auch an seinen Täuflingen vollzog, denn nur das Untertauchen ist einem Begrabenwerden ähnlich. Wir betten ja unsere Toten nicht auf die Erde und streuen ein wenig Erde auf sie, sondern wir senken sie in ein Grab, wo sie begraben, d. h. vollständig mit Erde bedeckt werden.

Paulus selbst muß durch Untertauchung die Taufe empfangen haben, denn er zählt sich mit zu denen, die mit Christo durch die Taufe begraben sind. „Alle," schreibt er, „die wir in Jesum Christ getauft sind, die sind in seinen Tod getauft. So sind wir ja mit ihm begraben durch die Taufe in den Tod."[106]

Die meisten Theologen unter denen, welche die Besprengung ausüben und eifrige Verteidiger derselben sind, waren gezwungen zuzugeben, daß Pauli Darstellung unzweifelhaft auf die Form des Untertauchens Bezug hat. In diesem Sinne erklärt Prof. Lietzmann die Stelle (Röm. 6, 3. 4): *„Baptizein* bedeutet für griechische Ohren nicht „taufen", sondern „eintauchen" (s. zu Mark. 1, 4), also wir sind in seinen Tod hineingetaucht worden, ja mit ihm begraben; d. h. als wir mit unserm ganzen Leibe (wie noch lange altkirchliche Sitte) im Wasser verschwanden, sind wir symbolisch (durch Ertränken) getötet und (im Wasser) begraben."[107]

Dr. Bernhard Weiß: „Paulus beruft sich darauf, daß die Leser wissen, wie die Taufe auf Christum doch vor allem eine Taufe auf den Tod Christi ist; denn, wenn wir ihn als unsern Heilsvermittler bekennen, so bekennen wir damit doch, daß er zu unserm Heil gestorben ist. Nun ist doch aber das Untertauchen im Taufbade keine leere Form, sondern es stellt dar, wie wir durch die Geistesvermittelung in der Taufe mit Christo vereinigt, in dieser Gemeinschaft mit ihm gleichsam in seinen Tod untergetaucht werden, denselben mit durchmachen müssen. Wie das Begräbnis die

Bestätigung davon ist, daß einer gestorben, so ist das Untertauchen im Taufbade die Versiegelung davon, daß wir in den Tod Christi untergetaucht sind, ein Sterben wie er erfahren haben. Wie aber der Tod Christi dazu führte, daß er durch die Herrlichkeit des Vaters, der seinen Sohn nicht im Tode lassen konnte, auferweckt ist, so hat auch unser Sterben mit Christo in der Taufe nur die Absicht, daß wir fortan wandeln sollen in einer völlig neuen Lebensbeschaffenheit."[108]

„Es siehet aber der heilige Apostel darauf, daß in der ersten apostolischen Kirche bräuchlich war, daß diejenigen, so getauft wurden, ganz unter Wasser gesteckt, und also gleichsam begraben wurden, nachmals aber wieder aus dem Wasser gezogen und also wieder gleichsam auferweckt wurden, anzudeuten, daß sie durch die Taufe der Kraft des Todes und der Auferstehung Christi teilhaftig wurden und daß sie den Sünden absterben, hingegen aber im neuen heiligen Leben wandeln sollten."[109]

Auch die Schullehrer-Bibel (Neustadt an der Orla) von 1826 gibt eine treffende Auslegung dieses Textes, die wir hier folgen lassen: „Die Taufe, nach den Sitten jener Zeit, wird hier als ein Sterben für das bisherige Heiden- und Judenleben und als Eintritt in ein neues, vollkommenes Christenleben betrachtet. Dies Bild war damals, da man bei der Taufe nicht wie jetzt nur das Haupt ein wenig benetzte, sondern den ganzen Menschen in einem Flusse im Wasser untertauchte (gleichsam begrub), ungemein treffend und ausdrucksvoll. Der bisherige Jude oder Heide ist nun gestorben, begraben. An seiner Stelle geht nun ein Christ hervor, ein ganz anderer Mensch. Ebenso natürlich und treffend ist nun die zweite Vergleichung. Die Taufe, der Eintritt ins Christentum, hat Ähnlichkeit mit dem Sterben und Auferstehen Jesu: Jesus starb — und stand wieder auf. Er ging aus einem unvollkommenen (nicht moralisch sondern physisch unvollkommenen) Zustande und Leben in einen weit höheren, vollkommeneren Zustand über. So geht der Getaufte aus einer mangelhaften Religion, aus einem moralisch mangelhaften Leben in ein vollkommenes, ganz Gott, der Pflicht, der Menschheit, der Ewigkeit geweihtes Leben über."

Ebenso auch Starke: „Der Apostel siehet auf den damaligen Gebrauch, da der Täufling ins Wasser ganz untergetaucht, und nachdem er eine kleine Weile darunter gelassen, wieder herausgezogen wurde. — Es hat dann die Taufe das Bild und die Kraft nicht nur des Todes sondern auch des Begräbnisses Christi: daß, wie der Herr mit dem Begräbnis den Fluch, welcher auf ihm lag, abgetan hat, auch wir seines Begräbnisses teilhaftig würden, wenn wir unter das Wasser als in ein Grab gestoßen und damit bedecket werden."[110]

Tholuck bemerkt in seiner „Auslegung des Briefes Pauli an die Römer": „Der Apostel hatte gesagt, schon gleich der bei der Annahme des Christentums stattfindende Ritus der Taufe zeuge davon, daß der Christ geistig den Tod Christi in sich nachbilden wolle. Es stellt sich nun seinem Blicke die leicht auffallende Bemerkung dar, daß das Taufsymbol selbst als eine Abbildung des Todes Christi angesehen werden könne, und so stellt er in diesem Verse den der Taufe übergebenen Christen als einen gleichsam mit seinem Erlöser Begrabenen dar. Hatte nun Paulus die sinnbildliche Bedeutung der Taufe und des Todes Christi so weit durchgeführt, so lag es nahe, daß er auch dem Wiederaussteigen aus der Taufe und der Auferstehung Christi eine sinnbildliche Bedeutung beilegte, wie er hier tut. Auch an einer andern Stelle finden wir dieselbe symbolische Deutung. Kol. 2, 12. Zum Verständnis der sinnbildlichen Behandlung der Taufe ist übrigens auf den bekannten Umstand aufmerksam zu machen, daß die Täuflinge der ersten Kirche unter- und wieder aufgetaucht wurden, welchem Gebrauche auch die ersten Christen nach Anleitung des Apostels symbolische Beziehung gaben."

Und *Dr.* Adolf Jülicher schreibt: „Den Brauch, die Christus-Gläubigen durch eine feierliche Handlung, die Taufe, in die christliche Gemeinde aufzunehmen, hat Paulus von der Urgemeinde übernommen; die Betreffenden wurden in fließendem Wasser untergetaucht.... Der äußerlich in Wasser eingetauchte, in den Namen Christi oder in Christum selber hineingetaucht erschien, in ihn versank, zum Glied an seinem reinen Leibe gemacht wurde.... Paulus sieht also in der Taufhandlung, bei der der Täufling für eine Weile ganz unter dem Wasser verschwindet, eine Nachbildung des Sterbens, wie in dem Wiederemportauchen aus der Flut eine Nachbildung der Auferstehung."[111]

Äußerst belehrend sind noch die Ausführungen von *Dr.* Whitby, einem der hervorragendsten Gelehrten der anglikanischen Kirche: „Da es hier in Röm. 6, 4 und Kol. 2, 12 so ausdrücklich erklärt ist, daß wir mit Christo begraben werden durch die Taufe, wenn man uns in das Wasser versenkt, da der Grund, warum wir seinem Tode ähnlich werden sollen, indem wir der Sünde sterben, daher genommen ist, da ferner dieses Untertauchen von allen Christen dreizehn Jahrhunderte lang treu beobachtet und von unserer Kirche (der bischöflichen von England) angenommen worden ist, und da die Umwandlung dieses Gebrauches in Besprengen ohne irgend eine Erlaubnis des Urhebers dieser Verordnung oder Gestattung eines Konziliums der Kirche stattgefunden hat und von der römischen Kirche noch hervorgehoben wird, um die Verweigerung des Kelches für die Laien zu rechtfertigen, so wäre es sehr wünschenswert, daß der ursprüngliche Gebrauch wieder in allgemeine Aufnahme käme und die Besprengung, wie vormals, nur bei Kranken oder in

Todesgefahr gestattet würde."[112]

Wir sind nun mit unserer Untersuchung der in Frage kommenden Bibelstellen, welche ein Zeugnis von der richtigen Art und Weise der Ausführung der Taufe oder der Bedeutung derselben abwerfen, zu Ende gekommen. Jeder wahrheitsliebende Leser muß zu der Überzeugung gekommen sein, daß in den Tagen Christi und der apostolischen Zeit, also bis in die Mitte der zweiten Hälfte des 1. Jahrh., von einer Besprengung oder Begießung der Täuflinge auch nicht die leiseste Spur zu finden ist, sondern daß die Taufe stets durch völliges Untertauchen ins Wasser vollzogen wurde.

Ununterbrochene Spuren der Taufpraxis durch Untertauchung.

Die Schriften des N. Testaments erbrachten uns den Beweis, daß im Laufe des 1. Jahrh. der Christengemeinde die Taufe nur durch Untertauchung vollzogen wurde, und daß dies die einzige richtige Art und Weise der Taufe ist; so darf es wohl für uns von größtem Interesse sein, zu sehen, wie lange man bei der von Christo befohlenen und von den Aposteln befolgten Form der Taufe blieb.

Im Altertum.

In diesem Zeitalter, das von der Geburt Christi datiert und fast einstimmig bis zum Untergang des weströmischen Reiches im Jahre 476 herabgeführt wird, lassen sich ohne große Mühe Spuren von der Taufpraxis durch Untertauchung finden. Tertullian (gest. 230), der große Apologet von Karthago (in Nordafrika), der erste bedeutende Kirchenlehrer des Abendlandes, ein Mann, der die ganze Kraft seines feurigen Geistes auf die Verfechtung der christlichen Lehre wandte, schreibt in seiner Schrift, die den Titel *„De Baptismo"* (Über die Taufe) führt, welche er etwa im Jahre 206 n. Chr. verfaßte: „So wird denn auch die Erlangung des ewigen Lebens schon des Umstandes halber um so unglaublicher gehalten, weil der Mensch in so großer Einfachheit, ohne Pomp, ohne irgendwelche ungewöhnlichen Vorkehrungen, ohne Aufwand in das Wasser hinabsteigt, und unter dem Aussprechen von ein paar Worten untergetaucht wird."[113] Und in Kap. 7 derselben Schrift sagt er: „In derselben Weise ist auch der körperliche Akt der Taufe selbst, der darin besteht, daß wir im Wasser eingetaucht werden." Ebenso erwähnt er die Untertauchung bei der Taufe in seiner Schrift „Vom Kranze des Soldaten", Kap. 3, welche er fünf Jahre später schrieb, doch mit dem Unterschiede, daß er hier die dreimalige Untertauchung ausdrücklich in Erwähnung bringt. Wir werden im Laufe unserer Untersuchung dieser Sitte (der dreimaligen Untertauchung) noch des öfteren begegnen; wir wollen aber mit der Entstehung und Geschichte derselben uns an dieser Stelle nicht beschäftigen, da wir es weiter unten in einem besonderen Abschnitte tun werden.

Der sogenannte Barnabas-Brief, der nach dem Urteil der besten Autoren erst am Ende des 2. Jahrh. geschrieben wurde, enthält ebenfalls ein Zeugnis für die Untertauchung. Es heißt in demselben: „Wir steigen hinab ins Wasser, beladen mit Sünden und Verderben, und steigen herauf, fruchtbar geworden, im Herzen die Furcht (gegen Gott) hegend und im Geiste die Hoffnung auf Jesum."[114] Der Verfasser vom „Hirt des Hermas" spricht des öfteren vom „Hinabsteigen in das Wasser" und vom „Heraufsteigen" aus demselben.

Gegen Ende des 4. Jahrh. berichtet uns Cyrill von Jerusalem (gest. 386), daß nach Ablegung des Glaubensbekenntnisses die Katechumenen im Wasser untergetaucht wurden. Cyrill erwähnt diesen Taufmodus noch im 4. Kapitel seiner zweiten mystagogischen Katechese: „Dann wurdet ihr," sagt er, „zum Schwemmteich der heiligen Taufe geführt, wie Christus vom Kreuze zu dem nächst gelegenen Grabe. Und jeder wurde gefragt, ob er an den Namen des Vaters, des Sohnes und des hl. Geistes glaube? Und ihr bekanntet das heilsame Bekenntnis, und wurdet dreimal in das Wasser getaucht."

Auch Basilius der Große, Erzbischof von Cäsarea in Kappadozien (gest. 379), führt in seinem Buch „Vom hl. Geist", Kap. 27, hinsichtlich des Taufritus das Untertauchen an.[115] Dies geht auch klar aus seiner Ermahnung an seine Täuflinge hervor, indem er da ausführt: „Betest du den an, der für dich gestorben ist, nun wohlan, dann laß dich auch mit ihm in der Taufe begraben."[116] Desselben Ausdrucks bedient er sich auch in Kap. 1 derselben Schrift. Der Bruder des Basilius, Gregor von Nyssa (gest. 395), schreibt an seine Schwester Makrina: „Das Hinabsteigen aber ins Wasser und Hineintauchen des Menschen enthält ein anderes Geheimnis."[117] Ambrosius (gest. 397) sagt, indem er von den vielen Geheimnissen der Taufe spricht: „Das Wasser ist es, worin das Fleisch versenkt wird. Aller Frevel wird dort begraben.... So bist du gleichsam in diesem irdischen Elemente begraben, jetzt tot der Sünde, aber auch wieder erstanden zum ewigen Leben."[118] Und Chrysostomus (gest. 407) spricht von dem Täufling als von einem, der „aus dem Wasser steigt"[119] und als von einem „Begraben unseres Leibes in dem Taufwasser".[120] Das aus dem Wasser Steigen besagt aber vor allem ein Hineinsteigen in dasselbe, welches, um die Taufe in ihrer richtigen Art, d. h. durch Untertauchung, auszuführen, auch unbedingt nötig ist.

Die Schriften, die man als „apostolische Konstitutionen" bezeichnet, deren Sammlung und Entstehung von den meisten Gelehrten ins 4. Jahrh. gesetzt wird,[121] bringen in Kap. 17 ebenfalls Beweise für das Untertauchen. *Dr.* Augusti übersetzt diese Stelle in seinen „Denkwürdigkeiten aus der christl. Archäologie" VII, S. 88.

89, welche wir hier wörtlich wiedergeben: „Die Taufe", heißt es da, „wird auf den Tod Jesu erteilet. Das Wasser ist statt des Grabes; das Öl statt des hl. Geistes; das Siegel statt des Kreuzes. Die Salbung ist die Bestätigung des Bekenntnisses. Die Erwähnung des Vaters erinnert an den Urheber und an den Aussender. Die Zuziehung des Geistes erinnert an den Zeugen; das Untertauchen an das Mitsterben; das Auftauchen an die Auferstehung."

Ehe wir das Altertum verlassen, gedenken wir noch an die Baptisterien (Taufkapellen), die ebenfalls für die in diesem Zeitalter noch herrschende Sitte der Untertauchung zeugen. Während man in der apostolischen Zeit und bis in die zweite Hälfte des 3. Jahrh. keinen bestimmten Taufort hatte sondern in jedem beliebigen Wasser taufte, kamen am Ende des 3. Jahrh. besonders aber seit Konstantins Übertritt zum Christentum eigene Taufhäuser, Baptisterien, in Gebrauch, die in der Nähe der bischöflichen Kirche errichtet waren, da in älterer Zeit nur die Bischöfe das Recht hatten, die Taufe zu vollziehen. Im Mittelpunkt dieser Baptisterien befand sich ein großer Wasserbehälter, in welchem der Täufling untergetaucht wurde. Eine nähere Beschreibung darüber finden wir von *Dr.* H. Holzmann und *Dr.* R. Zöpffel: „Die Baptisterien waren rund, sechs- oder achteckig oder in Kreuzform gebaut und meist groß und geräumig. Das Innere oder Heilige derselben, wo die Taufe selbst erfolgte, enthielt ein großes Bassin. Da die Taufe ursprünglich nur in der Hauptkirche vollzogen wurde, hatte nur diese ein Bassin; später wurden diese Anbauten auch bei andern Kirchen eingeführt. Noch später wurde nach gänzlichem Aufhören des Untertauchens der Taufakt in die Kirche selbst verlegt und am Taufstein, der an die Stelle jenes Bassins trat, vorgenommen. Dagegen haben die griechische und russische Kirche mit der Sitte des Untertauchens das Bassin beibehalten. Berühmte

Baptisterien sind in Parma, Ravenna, Florenz erhalten."[122]

Inneres des Baptisteriums von San Giovanni im Lateran.

Dazu berichtet *Dr.* Augusti: „Die noch vorhandenen Baptisterien sind alle aus der alten Zeit, und die meisten derselben haben ein weit höheres Alter als die Kirchen. Je größer der Umfang derselben ist und je mehr Raum,

Wölbung und Tiefe das Taufbecken oder der Taufbrunnen hat, desto höher kann das Alter angenommen werden. Die kleineren Becken und Brunnen rühren aus den Zeitaltern her, wo die Kindertaufe und der Aspersionsritus [das Besprengen] eingeführt war."[123]

Ein berühmtes Baptisterium ist das von San Giovanni im Lateran. Es war ursprünglich das einzige für die ganze Stadt Rom. Anton de Waal schreibt darüber: „Dieses Baptisterium geht in seiner Gründung auf Konstantin zurück; die jetzige Form ist im wesentlichen diejenige, welche ihm Sixtus III. (432–440) gegeben hat. Die im Achteck um den Taufbrunnen gestellten Säulen aus Porphyr tragen ein Gesims von weißem Marmor, über welchem acht kleinere Säulen den Blick in die Kuppel emporleiten. Das Taufbassin selber war noch um mehrere Stufen tiefer, als es heute der Fall ist, da in alter Zeit die Taufe durch Untertauchen gespendet wurde."[124]

In Salona, Dalmatien, hat vor nicht so langer Zeit eine Ausgrabungs-Expedition eine solche Taufkapelle bloßgelegt, welche noch aus der Zeit Diokletians (284–305), des grausamen Christenverfolgers, stammt, der in einem Edikt vom 24. Februar 303 die Niederreißung der Kirchen befahl.

Cyrill von Jerusalem (gest. 386) vollzieht die Taufe an seinen Neubekehrten in einer solchen Taufkapelle. Er erwähnt dies in seiner ersten mystagogischen Katechese, Kap. 2: „Zuerst ginget ihr in die Vorhalle des Taufhauses; dort standet ihr gegen Sonnenuntergang gewendet und horchtet auf; und es ward euch befohlen, die Hände auszustrecken und dem Satan, als wäre er gegenwärtig, zu widersagen." „Und ihr bekanntet," lesen wir in seiner zweiten Unterweisung, Kap. 4, „das heilsame Bekenntnis und wurdet in das Wasser getaucht." Das Baptisterium erwähnen noch Chrysostomus, Ambrosius, Augustin u. a. m.[125]

Einige dieser Taufkirchen waren so groß und geräumig, daß Synoden und Kirchenversammlungen in denselben gehalten werden konnten. „Man kann sich auch von ihrer Größe schon daraus eine Vorstellung machen," schreibt *Dr. Augusti*, „wenn man weiß, daß an manchen Orten, wie z. B. in Antiochien, zuweilen in einer Vigilien 3000 Personen beiderlei Geschlechts die Taufe empfingen."[126] *Dr. Brenner* führt aus: „Das Wasserbassin oder das eigentliche Baptisterium ist zuweilen von beträchtlichem Umfange und ansehnlicher Tiefe, in dem ein Knäbchen, welches jemand bei andringender Volksmenge in das von Papst Damasus (gest. 384) erbaute Baptisterium hatte fallen lassen, erst nach einer Stunde aufgefunden werden konnte."[127] Der christliche Dichter Dante (1265–1321) erzählt in seiner „Hölle" von einem ähnlichen Vorfall. Er rettete nämlich ein Kind, welches in das Baptisterium zu St. Johannes in Florenz gefallen war, vom Ertrinken.[128]

Ruine einer Taufkapelle zu Salona.

Falls heutzutage ein Kind das Unglück haben sollte, in

einen modernen Taufbehälter zu fallen, welche, wie schon oben angeführt, nach gänzlichem Aufheben des Untertauchens an die Stelle jener tiefen und umfangreichen Baptisterien kamen, so würde es sicherlich nicht in Gefahr sein, sein Leben durch Ertrinken zu verlieren, und man würde auch wohl keine „ganze Stunde" dazu nötig haben, um das „verunglückte" Kindlein darin aufzufinden. Die Taufbecken, die man heute in den Kirchen vorfindet, sind eng und flach, und bei der Ausführung der Besprengung ist nur eine geringe Quantität Wasser darin vorhanden. Dies bestätigt auch *Dr.* Brenner, indem er schreibt: „Jetzt sind die Taufbrunnen so flach und eng, daß man in denselben auch einem neugebornen Kinde die Taufe durch Untertauchen nicht mehr erteilen könnte. Nun haben die Taufbrunnen keine andere Umgebung als die Kirchenmauern; hölzerne oder metallene Deckel verschließen sie; niedere Geländer fassen sie ein, und in ihrer geringen Höhlung steht ein totes Wasser. Jetzt fordert und erhält jedermann die Erlaubnis, ohne alle Not, seine Stube als Kirche oder Oratorium und seine Schüssel als Baptisterium zu gebrauchen."[129]

Im Mittelalter.

Selbst durch das dunkle Mittelalter, das ist die Zeit vom Untergang des weströmischen Reiches 476 bis zum Beginn der Reformation im Jahre 1517, lassen sich die Spuren verfolgen, wo die Taufe, wenn auch nicht mehr ganz in ihrer biblischen Reinheit, so doch noch vielfach durch Untertauchen verrichtet wurde. So wird z. B. von Papst Gregor dem Großen (590–604) das Untertauchen ausdrücklich vorgeschrieben. Diese Anordnung Gregors zitiert *Dr.* Brenner in seiner „Geschichte der Taufe", S. 32.

Auch in der spanischen Kirche vollzog man die Taufe

durch völliges Untertauchen; doch wich man von der in der Zeit schon herrschenden Sitte der dreimaligen Untertauchung, welche übrigens ja auch vollständig unbiblisch ist, ab und tauchte seit den Tagen Leanders, Bischof von Sevilla (gest. 597), den Täufling nur einmal unter, „um dadurch," wie *Dr.* Brenner bemerkt, „seinen Abscheu gegen die Arianer an den Tag zu legen, welche die dreimalige Untertauchung dazu mißbrauchten, um die drei verschiedenen Naturen der drei Personen in der Gottheit auszudrücken. Dies einmalige Untertauchen wird von Papst Gregor dem Großen gutgeheißen."[130]

Die abessinische Kirche vollzieht die Taufe bis auf den heutigen Tag durch Untertauchen.[131]

Das IV. Konzil von Toledo unter Papst Honorius I. im Jahre 633 erklärt, sich auf diese Entscheidung Gregors berufend: „Laßt uns an dem einmaligen Untertauchen bei der Taufe festhalten, damit nicht bei uns die, welche dreimal untertauchen, die Behauptung der Irrlehrer zu billigen scheinen, solange sie auch dem Brauche folgen."[132]

Ein Taufbecken aus neuerer Zeit.

Auf der englischen Synode zu Celchyt oder Calchut

unter dem Vorsitz des Erzbischofs Wulfred von Canterbury am 27. Juli 816 wurde das Begießen in England ausdrücklich verboten, und man verordnete, „daß die Priester niemandem die Taufe verweigern, und den Täufling untertauchen, nicht bloß über die Köpfe der Kinder Wasser gießen sollen."[133] Vierhundert Jahre später, auf der Synode zu London im Jahre 1200, Kanon 3, wird das Untertauchen noch erwähnt.[134]

Auch in Deutschland wurde im Mittelalter noch immer die Untertauchung beim Vollzug einer Taufe in Anwendung gebracht. So erklärte das Konzil zu Worms im Jahre 868 diesen Ritus als die richtige Art der Taufe.[135]

Der ehrwürdige Bischof Otto von Bamberg (gest. 1139) hat sich durch seine erfolgreiche Einführung des Christentums in Pommern sehr verdient gemacht und sich einen bleibenden Namen in der Geschichte erworben. Mit Recht wird er als der „Apostel der Pommern" gepriesen, und er verdient, hier erwähnt zu werden. Auf einen Brief hin, den Otto vom Herzog Boleslav von Polen erhielt, der ihn auf das dringlichste bat, zu kommen und den Pommern das Christentum zu bringen, machte sich Otto am 24. April 1124, von einem zahlreichen Gefolge begleitet, auf, um dem Rufe Folge zu leisten. Zu seinem Schutze begleitete ihn von Polen aus der Hauptmann Paulitzky mit einer bewaffneten Schar. Sie nahmen ihren Weg zunächst nach der Stadt Pyritz, unweit Stargard, wo sie auch nach einer beschwerlichen Reise zu Pfingsten des Jahres 1124 eintrafen. Gott segnete die Bemühungen dieses treuen Zeugen an diesem Orte besonders und krönte sie mit großem Erfolge. Er durfte nämlich in ganz kurzer Zeit nicht weniger als 7000, die den christlichen Glauben annahmen, taufen.

Was uns aber an dieser Stelle besonders interessiert, ist, zu wissen, wie dieser ehrwürdige Bischof die Taufe an seinen neubekehrten Pommern handhabte. *Dr.* Neander, der große deutsche Gelehrte, berichtet darüber: „Sieben Tage gebrauchte der Bischof zum Unterrichte, dann wurden drei Tage zur geistigen und leiblichen Vorbereitung für die Taufe angesetzt. Sie hielten ein Fasten und badeten sich, um gereinigt mit Anstand der heiligen Handlung sich unterziehen zu können. Große Fässer mit Wasser wurden in der Erde vergraben und mit einem Vorhange umgeben. Hinter demselben wurde die Taufe nach der damals üblichen Weise, durch Untertauchung, verrichtet. Während ihres zwanzigtägigen Aufenthaltes in dieser Stadt wurden siebentausend getauft und die Getauften in den Gegenständen des Glaubenssymbols unterrichtet und über die bedeutendsten Handlungen des Kultus belehrt."[136] Vor seiner Abreise von Pyritz hielt er an die Neugetauften eine ergreifende Abschiedsrede, worauf er die Stadt verließ, um nach Kammin zu reisen. Nach vierzigtägigem Aufenthalt hier setzte er seine Missionsreise fort und kam zunächst auf die Insel Wollin. Von hier aus besuchte er die Städte Stettin, Kolberg, Belgard, Usedom, Demmin, Wolgast, Gützkow u. a. m. Fast an allen Orten meldeten sich große Scharen zur Taufe, welche er stets durch Untertauchung vollzog.[137]

Der Ottobrunnen in Pyritz.

Etwas außerhalb von Pyritz liegt der wohlbekannte Ottobrunnen, den der Schreiber dieses gelegentlich selbst in Augenschein nahm. In dieser Quelle taufte Otto von Bamberg die ersten Christen in Pommern. König Friedrich Wilhelm III. und seine Söhne ließen im Jahre 1824, als man das siebenhundertjährige Jubiläum der Einführung des Christentums in Pommern feierte, an diesem Platze ein würdiges Denkmal errichten. Der Brunnen ist durch eine Einfassung von Granit umgeben. Ein hohes Kreuz, das aus der Mitte dieser Einfassung aus poliertem rotem Marmor emporragt, verkündet jedem Besucher die hohe Bedeutung dieses Ortes. Auf der erhöhten Hinterwand, welche einen Halbkreis bildet, ist in eingemeißelter Schrift zu lesen: „Bischof Otto von Bamberg taufte zuerst die Pommern aus dieser Quelle am 15. Juni 1124. Friedrich Wilhelm III. und seine Söhne...... errichteten dieses Denkmal zum Andenken jenes Tages am 15. Juni 1824." Vor dem Kreuz befindet sich ein Wasserbassin, welches durch dieselbe Quelle gespeist wird, die einst jene großen Fässer mit Wasser füllte, in denen Bischof Otto, wie schon oben erwähnt, die Taufe vornahm. Das Bassin ist so groß, daß man gut eine Taufe durch Untertauchung darin vornehmen könnte. An der Hinterwand des Wasserbassins steht eine lateinische Inschrift, die wir in der Übersetzung von R. Pelz[138] hier angeben. Sie lautet:

„Zum Quell des Lebens eilt, und wascht die Seele rein;
Des sel'gen Lebens Tür wird Jesus Christus sein."

Gehen wir in der Kirchengeschichte etwa 140 Jahre weiter voran, so finden wir, daß noch nach der Mitte des 13. Jahrh. Thomas von Aquin (gest. 1274), der von katholischer Seite als „eines der größten Lichter der Kirche, ein Engel im Fleische und ein Engel im Lehramte"[139] bezeichnet wird, sagt, „daß das Untertauchen allgemeiner Gebrauch, daher sicher sei".[140]

Und *Dr.* Brenner bezeugt: „Dreizehnhundert Jahre war das Taufen allgemein und ordentlich ein Untertauchen des Menschen unter das Wasser, und nur in außerordentlichen Fällen ein Besprengen oder Begießen mit Wasser; letzteres ward außerdem als Taufweise bezweifelt, ja sogar verboten."[141]

„Das Konzil zu Utrecht im Jahre 1293 gestattet das Aufgießen nur dann, wenn bei dem Untertauchen der Tod zu befürchten ist."[142]

Am Ende dieses, des 13. Jahrh., ist die Zeit, wo die allgemeine Sitte der Besprengung in der christlichen Kirche ihre Aufnahme fand. Es ist aber eine unrichtige Vorstellung, wenn man glaubt, daß von diesem Zeitpunkt ab der sonst gebräuchliche Ritus des Untertauchens gänzlich abgeschafft worden sei. Die Geschichte beweist vielmehr, daß das Untertauchen nie ganz aufgehoben wurde. In noch am Ende des 15. Jahrh. gedruckten liturgischen Büchern wird das Untertauchen anbefohlen. *Dr.* Brenner führt dies in seiner „Geschichte der Firmung", S. 252, an, welches noch ein Nachtrag zu seiner zwei Jahre vorher erschienenen „Geschichte der Taufe" sein soll. Er sagt: „Ein im Jahre 1487 durch Nikolaus De Franckorda zu Venedig gedrucktes Missale mit der Überschrift: „*Incipit ordo missalis secundum consuetudinem romanae curiae*" stellt die Erteilung der Taufe noch ganz mit den Worten Papst Gregors des Großen dar."

In neuerer Zeit.

Auch in neuerer Zeit, d. h. von der Reformation des 16. Jahrh. bis auf die Gegenwart, finden wir bezeichnende

Beweise für die Ausübung der Untertauchung.

Dr. M. Luther schreibt: „Ich wünschte, daß solche, die getauft werden sollen, vollständig in Wasser getaucht würden, gemäß der Bedeutung des Wortes und dem Grundgedanken der heiligen Handlung; nicht weil ich es für nötig halte, sondern weil es schön wäre, wenn wir ein ganzes und vollkommenes Zeichen für eine so große Sache hätten; wie es auch ohne Zweifel von Christo eingesetzt wurde." Demgemäß gibt er auch in seinem „Taufbüchlein" von 1523 sowie auch in der neuen Umarbeitung desselben vom Jahre 1524 dem Geistlichen die Anweisung: „Da nehme er das Kind und tauche es in die Taufe."[143]

An Heinrich Genesius, Pfarrer zu Ichtershausen, schrieb Luther 1530, wie eine Jüdin soll getauft werden, folgendes: „In Betreff der Taufe des jüdischen Mädchens bin ich mit euch derselben Meinung, daß es ganz mit Leintüchern bedeckt getauft werde, und zwar in der Weise, in welcher man sich in unsern Bädern der Leintücher bedienet, die man „Badetuch" heißt. Darum wäre dies mein Rat, daß sie in einer großen, weiten Wanne voll Wasser stehend und mit einem Leintuch verhüllt, ehrbarlich mit Wasser übergossen würde, oder auch, wenn sie bis an den Hals im Wasser sitzend, mit demselben Tuch bekleidet, mit dem Haupte durch dreimalige Eintauchung untergetaucht würde."[144]

Einen weiteren bezeichnenden Beweis finden wir in der mailändischen Kirche, trotzdem sie sich in Roms Nachbarschaft befand. *Dr.* Brenner führt darüber aus: „Es verdient daher als eine höchst merkwürdige Erscheinung in der liturgischen Welt erwähnt zu werden, daß noch am Ende dieser Periode (des 16. Jahrh.) der hl. Karl Borromeo (Erzbischof von Mailand, gest. 1584) das Untertauchen für die mailändische Kirche auf immer festsetzt."[145]

In einer Schrift von dem berühmten Arzt John Floyer,

betitelt: „*On cold bathing*" (vom kalten Bad) ist auf Seite 50 zu lesen: „Die englische Kirche hat das Untertauchen bis zum Anfang des 17. Jahrh. beibehalten, von der Zeit aber in die Besprengung (*adspersion*) verwandelt, weil man befürchtete," — man achte bitte hier auf den Grund der Abänderung der alten Taufweise — „das kalte Wasser sei der Gesundheit schädlich".[146] Floyer tritt dieser Annahme entschieden entgegen, indem er auf Seite 11 und 51 in seiner erwähnten Schrift bemerkt: „Wir müssen es für eine törichte Verweichlichung in unserem Zeitalter halten, daß man das Untertauchen und kalte Baden für einen gefährlichen Gebrauch hält. Wir müssen doch zugeben, daß der, der unsern Leib bereitet hat, niemals uns irgend etwas befehlen wird, was unserer Gesundheit schädlich wäre; sondern im Gegenteil am besten weiß, was der Erhaltung derselben am dienlichsten ist, und oft in einem Gebote für das Wohl unserer Seele sorgt." *Dr.* Wall setzt sogar fest, daß die englische Kirche den Gebrauch des Besprengens „erst nach dem Verfall des Papsttums annahm".[147]

Die morgenländische Kirche hat die alte ursprüngliche Sitte des Untertauchens unverändert bis auf den heutigen Tag beibehalten und erklärt sie für so wesentlich, „daß sie die nach abendländischer Weise (durch Besprengung) erteilte Taufe für keine gültige anerkennt und daher häufig den Taufakt wiederholen will. Man nennt die Abendländer spottweise besprengte Christen, und verlangt die Wiedertaufe derselben, wenn sie zur orthodoxen Kirche übertreten wollen."[148]

Ein Taufbassin aus dem Anfang des 17. Jahrh. in Rynsburg bei Leyden.

Hier mögen noch *Dr.* Walls wichtige Ausführungen bezüglich dieses Punktes Platz finden: „Die griechische Kirche in allen ihren Zweigen tauft durch Untertauchen, und so tun alle andern Christen in der Welt außer den lateinischen. Alle christlichen Völker, welche vormals der Autorität des Bischofs von Rom sich unterworfen haben, taufen gewöhnlich ihre Kinder durch Begießen oder Besprengen... Alle andern Christen aber in der Welt, welche nie des Papstes angemaßte Herrschaft anerkannt haben, tauchen nach der ursprünglichen Weise unter. Und wenn wir die Erde nach ihren Hauptteilen betrachten, so gehören alle Christen in Asien, alle in Afrika und der dritte Teil derselben in Europa zu der letzteren Gattung, unter welchem dritten Teile die Christenheit in Griechenland, Bosnien, Serbien, Bulgarien, in der Walachei und Moldau, in Rußland usw. verstanden werden. Die Christen im letztgenannten Reiche möchten besonders, mehr als in irgend einem andern, wenn die Kälte eine Entschuldigung darböte, die Erlassung von diesem Gebrauche in Anspruch nehmen. Außerdem gibt es in Amerika allein 7000 christliche Gemeinden, die die Taufe nach dem Worte Gottes durch Untertauchen vollziehen."[149]

Gleich im Anfang des 17. und den darauffolgenden Jahrhunderten traten in Deutschland, Holland, England, Nordamerika, Schweden, Norwegen, Dänemark, Frankreich, Rußland, Österreich-Ungarn, Italien und der Schweiz Männer auf, die durch Antrieb und Erleuchtung des Geistes Gottes die Bibel durchforschten und dadurch zu der Erkenntnis kamen, daß sich im Worte Gottes für die von der Kirche ausgeübte Sitte des Besprengens weder ein Gebot noch ein Beispiel vorfindet. Sie verwarfen deshalb die Taufe durch Begießung und Besprengung als schriftwidrig und erkannten, daß die Untertauchung die allein schriftgemäße Taufe sei. Der Ruhm, zu dieser Zeit diese alte von Christo befohlene Form der Taufe erkannt und zuerst eingeführt und verbreitet zu haben, gebührt unseres Wissens nach den Rynsburgern, einer im Jahre 1620 in Holland entstandenen christlichen Richtung, die man spottweise auf holländisch „Dompelaers" (Eintaucher) nannte. In Rynsburg bei Leyden hatten sie ein großes Taufbassin, in dem sie tauften. Jahrhunderte hindurch stand es als Denkmal da und legte Zeugnis davon ab, was an dem Orte einst geschah. Erst vor nicht so langer Zeit wurde dieses wichtige historische Taufbassin abgebrochen.

Ebenso gab es unter der reformierenden Partei der englischen Kirche, den Puritanern, ernste und nach der reinen Lehre des Evangeliums suchende Christen. Viele unter ihnen erkannten die Taufe der Erwachsenen und machten sich durch die Verbreitung derselben, die trotz viel Widerstand und Verfolgung geschah, verdient. Darunter ist besonders Richard Blount und Samuel Blacklock zu nennen. Sie waren es nämlich, die zuerst in London wirkten, und wie von baptistischer Seite aus berichtet wird, bestanden bereits im Jahre 1643 daselbst sieben „Gemeinden getaufter Gläubigen"[150]; so nannten sie sich zu der Zeit. Heute ist diese Gemeinschaft unter dem Namen „Baptisten" bekannt, und man findet sie schon in aller Herren Länder.

Auch wir, die wir uns nicht schämen, „Siebenten-Tags-Adventisten" zu heißen, üben die Taufpraxis durch Untertauchung aus. Zu Hunderten senden wir unsere Missionare in alle Länder aus, um das Evangelium vom Reich, den vollen Ratschluß unseres Gottes, zu allen Sprachen, Zungen und Völkern bis zu den Enden der Erde zu tragen. Nicht nur in Deutschland allein, sondern in Nord-, Süd- und Mittelamerika, im fernen Australien, auf den Inseln des Stillen Ozeans, in Persien, in Syrien, im kalten Sibirien und Kleinasien, ebenso im Innern von China, in Korea, in Japan und Indien, ja selbst im Herzen von Afrika stehen unsere Missionare und verkünden die Heilsbotschaft von dem rettenden Sünderheiland, ihnen zu sagen, daß auch sie „alle Gerechtigkeit zu erfüllen" haben, um gerettet zu werden. Tausende und Abertausende werden zu Gott, ihrem Heilande, bekehrt und lassen sich darauf willig in den Wasserfluten durch die Taufe begraben, als Zeichen, daß sie von nun an dieser Welt abgestorben sind und allein für Gott in einem neuen, ihm völlig geweihten und geheiligten Leben wandeln wollen.

Eine Taufszene in Afrika.

Wir sind nun das Altertum, Mittelalter sowie die neuere Zeit bis auf die Gegenwart durchgegangen. Durch die Verhandlungen der Konzilien und Rituale waren wir imstande, unumstößliche Beweise zu erbringen, daß dreizehnhundert Jahre lang die Taufe fast durchweg auf die ursprüngliche Weise, d. h. durch Untertauchung verrichtet worden ist; ja selbst nach dem 13. Jahrh. lassen sich trotz der allgemeinen Einführung der Besprengung bis auf den heutigen Tag ununterbrochene Spuren nachweisen, daß es ganze Kirchen und verschiedene Gemeinschaften gab, die die Taufe nach Christi Gebot zur Ausführung brachten.

Die dreimalige Untertauchung.

Der Taufritus war im Zeitalter der Apostel höchst einfach, jedoch eine feierliche und bedeutsame Handlung. Der Täufling wurde zum Wasser geführt und dort auf den Namen des Vaters, des Sohnes und des hl. Geistes getauft, und zwar durch einmaliges Untertauchen. Man findet dabei kein starres System von unzähligen gedankenlosen Zeremonien. Man liest nichts von Mysterien, da ist keine Spur von einer sogenannten unmittelbaren „magischen Wirkung" bei der Taufhandlung. Bei den Aposteln ging alles schlicht und natürlich vor sich. Daß in der ersten Christengemeinde nur eine einmalige Untertauchung stattfand, geht schon daraus hervor, daß die jüdische Proselytentaufe sowie die Johannestaufe nur diesen Ritus kennen. Paulus kennt durchaus keine dreimalige Untertauchung. Wäre ihm jene schon bekannt gewesen, so hätte er nie die Taufe mit Christi Tod und Auferstehung verglichen; denn Christus wurde nur einmal begraben und ist nur einmal auferstanden. Auf diese Tatsache sich stützend, schreibt Paulus: „So wir aber samt ihm [Christo] gepflanzet werden zu gleichem Tode, so werden wir auch seiner Auferstehung gleich sein."[151] Daß „gepflanzt werden" mit Christo bezieht sich auf die Art und Weise der Taufe und ist so zu vollziehen, daß sie mit dem Begräbnis und der Auferstehung Jesu identisch ist. Dies kann aber nur durch ein einmaliges Untertauchen geschehen, vollzieht man sie aber auf eine andere Weise, so ist es eine Handlung, für die man im N. Testament auch nicht die geringste

Andeutung vorfindet. Dies zeigt uns auch aufs klarste Eph. 4, 5, wo der Apostel behauptet, daß es nur „einen Herrn, einen Glauben und eine Taufe" (Untertauchung) gebe. Prof. Drews kann es ebenfalls nicht einsehen, wie man dazu kommen kann, die dreifache Untertauchung als schon in der Urkirche bestandenen Gebrauch zu erklären. „Aus welchem Grunde", schreibt er, „man von dem dreimaligen Untertauchen, wenn es allgemein christlich von Anfang an gewesen wäre, hätte abgehen sollen, ist nicht einzusehen."[152]

Trotzdem sich die Bibel in diesem Punkt so klar ausdrückt, gibt es doch kirchliche Gemeinschaften, die die dreimalige Untertauchung angenommen haben und die behaupten, daß drei Untertauchungen nötig seien, um das Gebot, im Namen des Vaters, des Sohnes und des hl. Geistes zu taufen, im vollen Sinne zu erfüllen, d. h. für jede Person der Gottheit eine Taufe oder Untertauchung vorzunehmen. In neuerer Zeit hat dies besonders der vor einem Jahrzehnt verstorbene John Alexander Dowie in Amerika zu behaupten gesucht und an seinen Anhängern auf diese Weise in Anwendung gebracht.[153] Er ist, wie bekannt sein dürfte, der Begründer der Sekte, die heute in Deutschland unter dem Namen „Zionisten" bekannt ist. Auch die sogenannten Tunker (ihr Name wird von tunken, tauchen abgeleitet), eine christliche Gemeinschaft in Nordamerika, die aber auf deutschem Boden entstanden, und nach Pastor H. Mallet eine Abzweigung des deutsch-niederländischen oder mennonitischen Baptismus ist, welche im Jahre 1720 nach Pennsylvanien auswanderten, üben die Taufe „durch dreimalige Untertauchung des knienden Täuflings aus".[154] Die Tunker selbst erklären in ihrer „*Platform*" von 1881, auch daran festhalten zu wollen, daß „das Taufen von bußfertigen Gläubigen durch dreimaliges Untertauchen, indem beide, der Verwaltende und der Taufkandidat, in den

Fluß gehen, mit Handauflegen und Gebet im Wasser" zu vollziehen sei.[155]

Um die Richtigkeit ihrer Ansicht zu beweisen, weisen uns die Verteidiger der dreimaligen Untertauchung auf die griechische Kirche hin, die das dreimalige Untertauchen ausübt. Die Griechen müssen im Recht sein, sagt man, da sie doch ihre eigene Sprache am besten verstehen. Wir fragen aber, wo findet sich im griechischen N. Testament eine Erwähnung einer dreifachen Untertauchung vor? Nirgends lesen wir davon. Da ist nur ein Gebot, sich nach vorausgegangener Sinnesänderung taufen zu lassen, und die Griechen lassen sich in Befolgung dieses Gebotes taufen durch Untertauchen. Soweit können wir der Kenntnis ihrer Sprache völliges Vertrauen entgegenbringen. Aber das Griechische sagt auch in Eph. 4, 5: „Ein Herr, ein Glaube, eine Taufe" (*hen baptisma*), d. h. eine Untertauchung. Wenn nun die griechische Kirche von dieser klaren Vorschrift abgeht und dafür das dreifache Taufen ausübt, dann geht sie vom Text ihrer eigenen Sprache ab, und hier brauchen wir ihr durchaus nicht zu folgen. Es ist sicherlich ein großer Unterschied zwischen dem „Gebrauch" und dem „Mißbrauch" einer Sprache. Wir legen keinen Wert auf die Gewohnheit einer Gemeinschaft oder Kirche, und mag sie noch so alt sein, ausgenommen sie ist in Übereinstimmung mit den bestimmten Vorschriften der hl. Schrift.

Sehr unvernünftig scheint uns die Schlußfolgerung zu sein: Da die Taufe auf die drei Namen der Gottheit vollzogen werden müsse, sei eine dreifache Untertauchung erforderlich. Wie unrichtig diese Ansicht ist, mag uns ein Beispiel an dieser Stelle klar machen. Ein Agent reist für eine aus drei Personen bestehende Firma. Wenn nun dieser Agent auf seiner Geschäftsreise ein Geschäft abschließt, so tut er es *einmal* im Namen aller. Auch kann er eine Schuld von 1000 Mark, die er im Auftrage der Firma einzukassieren hat, nicht dreimal einfordern, d. h. einmal für jede Person der Firma, sondern ebenfalls nur einmal im Namen der drei Personen. Wenn Jesus seine Vertreter in alle Welt sendet mit dem Auftrage zu predigen und die Bußfertigen im Namen des Vaters, des Sohnes und des hl. Geistes zu taufen, so bedeutet dies dasselbe, was uns das Beispiel zeigt, nämlich die Taufe einmal im Namen der drei Personen zu vollziehen.

Doch die Vertreter und Praktiker der dreimaligen Untertauchung machen sich gar nichts daraus, wenn auch ihr System im krassesten Gegensatz zu den klaren Verordnungen Jesu und dem Brauch der Apostel steht. Ihre eigene Theorie ist nicht in Übereinstimmung mit ihrer Praxis, denn sie lehren, daß „Taufe" mit „Untertauchen" gleichbedeutend sei. Wenn nun Taufen wirklich Untertauchen meint, dann ist der Ausdruck: eine Taufe mit drei Untertauchungen ebenso inkorrekt, als wenn sie behaupten würden: eine Taufe mit drei Taufen oder eine Untertauchung mit drei Untertauchungen.

Trotzdem man den Verteidigern der dreimaligen Untertauchung von allen Seiten die Unrichtigkeit ihrer Behauptung beweist, halten sie doch an dem plumpen Irrtum fest. Anstatt der Wahrheit die Ehre zu geben, ziehen sie es vor, lieber noch weiter im Nebel umherzutappen, und da es zur Begründung ihrer Idee an Schriftzeugnissen fehlt, versuchen sie mit fieberhafter Tätigkeit aus dem Labyrinth menschlicher Traditionen Beweismaterial für ihre Sache herbeizuschaffen. Doch was ihnen ein Beweis zu sein scheint, dient nur dazu, noch ein paar der spärlichen Flämmchen auszulöschen, die hier und dort brennen. So wird zum Beispiel ein Dokument herangezogen, das man als „die Lehren der zwölf Apostel" bezeichnet. Daraus will man den „unumstößlichen" Beweis erbringen, daß die dreimalige Untertauchung schon apostolische Praxis gewesen wäre. Natürlich kann dies nur für solche ein Beweis sein, die dieses Schriftstück wirklich als „ein letztes Vermächtnis der zwölf Apostel an die Kirche" anerkennen. Die Historiker sind sich heute aber vollständig klar und einig darüber, daß diese sogenannten „Lehren der zwölf Apostel" auf keinen Fall von den Aposteln selbst herstammen, sondern ein Produkt der späteren Jahrhunderte sind. Das Schriftstück ist aber für uns insofern von nicht geringem Nutzen, da wir dadurch die gleichgültige und oberflächliche Denkungsart jener Zeit kennen lernen. Dieses fragliche Dokument wurde im Jahre 1883 durch einen gewissen Philoteos Bryennios, damals Rektor einer höheren griechischen Schule in Konstantinopel, in der Bibliothek des Klosters zum allerheiligsten Grabe von Jerusalem in Konstantinopel entdeckt. Die ganze Sammlung wurde ins Deutsche von Prof. A. Harnack übersetzt und in der „Theologischen Literaturzeitung" vom 9. Februar 1884 veröffentlicht. Zwei Jahre später nahm er vom 12. Juni ab durch eine Reihe von Artikeln eine skeptische Stellung zu dieser Sammlung ein. Er legte der ganzen Sache wenig Wert bei, weil man weder über das Datum der Entstehung noch über den Verfasser derselben etwas Genaues wissen könne. Wie weit die verschiedenen Festsetzungen der Abfassungszeit dieser Schrift zeitlich auseinander gehen, geht klar aus einer interessanten Zusammenstellung von Prof. A. Harnack hervor. Er schreibt: „Der erste setzt die neuentdeckte Schrift vor die paulinischen Briefe, ja vor das Apostelkonzil (Sabatier), der zweite in die Zeit des Paulus, der dritte bald nach der Zerstörung Jerusalems (Bestmann), der vierte in die letzten Dezennien des 1. Jahrh. (eine sehr beliebte Datierung), der fünfte unter Trajan (ebenfalls beliebt), der sechste unter Bar-Kochba, der siebente in die Zeit der Antonine, der achte etwa unter Commodus (Krawutzky), der neunte in das dritte Jahrhundert, der zehnte in das vierte, und es gibt auch noch solche, die das fünfte und noch spätere Jahrhunderte empfehlen. Das wäre die

Abfassungszeit. Es steht an keinem andern Punkte besser.....
Dies wäre eine kleine Musterkarte; sie könnte beliebig
vermehrt werden, wenn man auf die Adresse und Aufschrift
des Buches, auf die einzelnen in ihm enthaltenen Stücke
usw. eingehen wollte."[156]

In dem 7. Kapitel der „Lehren der Apostel" soll also der Beweis für das dreimalige Untertauchen liegen. Prof. Drews sagt: „Wir können daraus auf ein dreimaliges Untertauchen schließen: bei jedem Glied der Formel findet eine Untertauchung statt."[157] Zu dieser Hypothese kommt man nur dadurch, daß die „Lehren der Apostel" außer der Untertauchung auch noch bei Mangel an Wasser die dreimalige Begießung zulassen. Damit aber der werte Leser selbst urteilen kann, wie unberechtigt diese Schlußfolgerung ist, geben wir den in Frage kommenden Abschnitt hier vollständig wieder, und zwar in der Übersetzung von Prof. A. Harnack: „Was aber die Taufe betrifft, so taufet so: Taufet, nachdem ihr obige Lehren alle (d. h. die moralischen Unterweisungen, Kap. 1–6) vorher mitgeteilt, auf den Namen des Vaters und des Sohnes und des hl. Geistes in fließendem Wasser. Wenn du aber fließendes Wasser nicht hast, so taufe in anderem Wasser; wenn kein kaltes Wasser da ist, in warmem. Wenn du aber beides nicht hast, so begieße das Haupt dreimal mit Wasser auf den Namen des Vaters und des Sohnes und des hl. Geistes. Vor der Taufe aber soll der Täufer und der Täufling fasten und wer es sonst noch vermag. Dem Täufling aber sollst du befehlen, daß er einen oder zwei Tage vorher faste."[158]

Wir fragen nun jeden unparteiischen und wahrheitsliebenden Leser: Steht hier auch nur ein Wort von einer dreimaligen Untertauchung? Jeder Aufrichtige wird genötigt sein, die Frage zu verneinen. Hier lesen wir nur, falls nicht genügend Wasser vorhanden sei, solle der Täufer das Haupt des Täuflings dreimal mit Wasser begießen.

Übrigens scheint der Verfasser dieses merkwürdigen Dokumentes ein, wie man heute sagen würde, sehr liberaler Mann gewesen zu sein. Sein Rat lautet: „Taufet in fließendem Wasser, wenn ihr könnt; wenn ihr aber nicht könnt, dann in anderem. Wenn ihr kein kaltes habt, nehmt warmes, und wenn ihr überhaupt nicht „taufen" könnt, dann besprengt ihr eben, es tut's auch." Also solche Regeln und Grundsätze wagt man als „apostolisch" zu stempeln. Wir möchten dann doch gerne wissen, was nicht apostolisch ist. Hier hat man es vielmehr mit den „Kohlensäcken der Väter" zu tun, von denen Luther in seinen „Tischreden", 2586, spricht, und dafür danken wir bestens. Auch überlassen wir den Anhängern der dreifachen Taufe sehr gerne alle Ehre, welche sie sich durch Gebrauch derartiger „Geschichtsquellen" aneignen.

In nachapostolischer Zeit wird Justin der Märtyrer (100–166), der älteste christliche Kirchenvater, zitiert, und man will aus seiner ersten Apologie (Verteidigungsschrift), die er etwa ums Jahr 147 schrieb, welche an den Kaiser Antoninus Pius gerichtet ist, in der er eine ausführliche Beschreibung von den gottesdienstlichen Handlungen der Christen liefert, und darin auch die trinitarische Taufformel erwähnt, schließen, daß zu seiner Zeit auch die dreimalige Untertauchung im Gebrauch gewesen wäre. Die Stelle, worin Justin sich über diesen Punkt äußert, lautet: „Hierauf werden sie (die Täuflinge) von uns hingeführt, wo Wasser ist, und werden in jener Art und Weise wiedergeboren (getauft), wie auch wir selbst wiedergeboren (getauft) worden sind; im Namen Gottes, des Vaters und Herrn aller Dinge, und unseres Heilandes Jesu Christi und des hl. Geistes empfangen sie nämlich dann die Abwaschung (das Taufbad) im Wasser."[159] Justin sagt hier gar nichts von einer dreifachen Taufe oder von einem dreimaligen Untertauchen; auch kann diese Idee nicht der Sprache des

Schreibers entnommen werden. Trotzdem ist man schnell dabei und setzt fest: „Die Taufe selbst bestand in der Regel in vollem dreimaligen Untertauchen in fließendem Wasser unter Aussprechen der trinitarischen Taufformel."[160] Wir geben diese unberechtigte Schlußfolgerung dem werten Leser als Muster eines Argumentes, wie es zugunsten der dreimaligen Untertauchung gebraucht wird.

Irenäus, Bischof zu Lyon (140–202), der noch den Unterricht des Apostelschülers Polykarp (gest. 167) genoß, der ihm „von seinem Umgang mit Johannes und mit den andern, die den Herrn gesehen hatten," erzählte, wie Irenäus selbst in seinem Briefe an seinen Freund und Jugendgenossen Florinus erwähnt,[161] und der, wie *Dr.* Schaff schreibt,[162] „der Vorkämpfer kirchlicher Rechtgläubigkeit im Gegensatz zur gnostischen Häresie und der Vermittler zwischen der morgen- und abendländischen Kirche" war, erwähnt ebenfalls nichts in seinen zahlreichen Schriften, das uns den Anlaß geben könnte, zu glauben, daß in seinen Tagen die dreimalige Untertauchung in Anwendung gebracht worden wäre.

Die erste Spur einer dreimaligen Untertauchung

finden wir bei Tertullian (gest. 230), welcher ausdrücklich in seiner Schrift gegen Praxeas, Kap. 26, sagt: „Wir werden nicht einmal, sondern dreimal bei Nennung jedes einzelnen Namens auf die einzelnen Personen untergetaucht." Ebenso bestätigt er dies in seiner Abhandlung „Vom Kranze des Soldaten," Kap. 3, welches wir hier in der Übersetzung von Prof. Kunze geben: „Um mit der Taufe zu beginnen, so beteuern wir beim Eintritt ins Wasser ebenda, aber auch schon etwas früher in der Gemeinde (Kirche) unter der

Hand des Priesters, daß wir dem Teufel, seinem Gefolge und seinen Engeln entsagen; alsdann werden wir dreimal untergetaucht, indem wir ein etwas Mehreres antworten (oder erfüllen), als der Herr im Evangelium [nämlich Matth. 28, 19] angeordnet hat."[163] Man beachte, Tertullian redet hier von dem Gebrauch der dreimaligen Untertauchung als von etwas dem Evangeliumsbefehl Hinzugefügtem. Klar zeigt er die Quelle, aus der dieses Taufverfahren entsprungen ist. Er sagt: „Wenn dieselbe [die dreimalige Untertauchung] auch durch keine Stelle der Schrift bestätigt wird, so ist sie doch sicher durch die Gewohnheit befestigt, und diese ist ohne Zweifel aus der Tradition erflossen."[164] Ebenso in Kap. 4 derselben Schrift: „Wenn du für diese und andere Punkte der Kirchenzucht eine ausdrückliche Vorschrift aus der hl. Schrift verlangen wolltest, so wirst du keine auftreiben können. Man wird dir die Tradition entgegenhalten als die Urheberin davon." Eine Schriftbestimmung für den Ritus der dreimaligen Untertauchung gibt es nach Tertullians eigener Aussage nicht, sondern nur die Macht der Gewohnheit, welche aus der Tradition geflossen war, ist als die einzige Urheberin zu bezeichnen. Also bleibt er nur eine rein menschliche Einrichtung.

Auch Basilius der Große (gest. 379) bemerkt in seinem Buche „Vom hl. Geiste", Kap. 27, daß die verschiedenen Gebräuche in der Kirche, unter denen er auch das dreimalige Untertauchen bei der Taufe erwähnt, nicht in der hl. Schrift, sondern in der Tradition ihren Grund haben. Er erklärt: „Wir begnügen uns nicht mit dem, was die Apostel oder das Evangelium uns mitteilen, sondern wir haben noch eine ungeschriebene Lehre. Woher ist es genommen," fragt er darauf, „daß wir den Täufling dreimal untertauchen? Aus welchem Buche haben wir die übrigen Taufgebräuche, wie unter anderem, daß dem Teufel und seinen Engeln entsagt wird? Rühren sie nicht aus jener verborgenen Geheimlehre her, welche unsre Väter in der Stille aufbewahrten?"[165] Ebenso erwähnt der Bruder des Basilius, Gregor von Nyssa (gest. 395), die dreimalige Untertauchung.[166]

Und Cyrill von Jerusalem (gest. 386), der eine ausführliche Beschreibung der in der Kirche des Altertums gebräuchlichen Taufzeremonien liefert, führt ebenfalls daß dreimalige Untertauchen an, in dem er, nicht wie Tertullian,[167] eine Beziehung auf den dreieinigen Gott sieht, sondern eine besondere Beziehung auf den dreitägigen Aufenthalt Jesu im Grabe erblicken will. Seine Ausführung lautet: „Ihr bekanntet das heilbringende Bekenntnis und tauchtet dreimal ins Wasser unter und wieder auf, und deutet hiermit sinnbildlich daß dreitägige Begrabensein Christi an."[168] Dieser Deutung traten auch noch andere Kirchenväter bei, so Gregor von Nyssa in seiner Katechese, Kap. 35, sowie Athanasius u. a. m.

Von Papst Gregor dem Großen (590–604) wird das dreimalige Untertauchen ausdrücklich vorgeschrieben. Seine Anordnung lautet wörtlich: „Der Priester soll unter dreimaligem Untertauchen, wobei er ebenso oft die heilige Dreieinigkeit anruft, taufen mit folgenden Worten: Ich taufe dich im Namen des Vaters, und tauche ihn einmal unter, und des Sohnes, und tauche ihn zum andern Male unter, und des hl. Geistes, und tauche ihn zum dritten Male unter."[169]

Und aus der Synode zu Worms im Jahre 868 erklärte man: „Sowohl die einmalige als auch die dreimalige Untertauchung bei der Taufe ist erlaubt, letztere wegen der Dreiheit der Personen, erstere wegen der Einheit der Substanz."[170]

Die morgenländische Kirche blieb bei der dreimaligen Untertauchung bis auf den heutigen Tag. So heißt es im

„Rechtgläubigen Bekenntnis" der griechischen Kirche: „Die Taufe ist eine Abwaschung und Wegnehmung der Erbsünde durch dreimalige Untertauchung ins Wasser."[171] Im „Ausführlichen Katechismus" der russischen Kirche, verfaßt von Erzbischof Philaret wird gelehrt, daß das Allerwichtigste in der heiligen Taufhandlung „das dreimalige Untertauchen im Wasser im Namen des Vaters, des Sohnes und des hl. Geistes" sei.[172]

Während die morgenländische Kirche ein dreimaliges Untertauchen übt, bringt „die abendländische Kirche ein dreimaliges Besprengen oder Überschütten eines Kopfteiles des Täuflings beim Vollziehen der Taufe in Anwendung. In beiden Kirchen vollzieht sich die eine Taufe im dreimaligen Untertauchen oder im dreimaligen Besprengen mit Wasser."[173]

Aus dem Bisherigen ersehen wir, daß die dreimalige Untertauchung im N. Testament nicht zu finden ist, somit an eine Ausführung derselben durch die Apostel durchaus nicht zu denken ist. Auch die der apostolischen Zeit am nächsten lebenden Kirchenväter wissen nichts von einem derartigen Brauch. Erst am Ende des 2. und anfangs des 3. Jahrh., und zwar in den Tagen Tertullians, brachte man diese Neuerung auf und gründete sie, da es an Schriftzeugnissen fehlte, einfach auf die Tradition. Noch später wurde es durch die strengen Erlasse der Synoden jedem Täufer zur unerläßlichen Pflicht gemacht, die Taufe nach diesem Modus zu vollziehen, bis sie schließlich im Laufe der Zeit in ein dreimaliges Begießen oder Besprengen verwandelt wurde. Wir gelangen zu dem Schluß, daß die dreimalige Untertauchung wohl von den verschiedenen Kirchen in Anwendung gebracht wurde, unter keinen Umständen darf sie aber auf einen Befehl Christi und der Apostel zurückgeführt werden.

Die Begießung und Besprengung.

Wie bei der dreimaligen Untertauchung, so versucht man auch den Ritus der Begießung und Besprengung als schon von den Aposteln in Anwendung gebrachte Sitte zu erklären. Man zitiert sogar Bibeltexte, aus denen „klar" hervorgehen soll, daß zur Zeit der Apostel außer der Regel der Untertauchung auch durch Übergießen oder Besprengen getauft worden wäre. Um nachzuweisen, wie haltlos diese Behauptung ist, unterziehen wir die in Frage kommenden Bibelstellen einer genauen Untersuchung.

Die erste Stelle wäre Apg. 1, 5 in Verbindung mit Apg. 2, 17. 33. Man glaubt, in der Taufe des hl. Geistes ein Argument zugunsten der „Übergießung" gefunden zu haben, denn der hl. Geist wurde „ausgegossen".[174] Diese Schlußfolgerung wird aber vollständig durch die Tatsache entkräftet, daß, trotzdem der hl. Geist am Pfingsttage ausgegossen wurde, „erfüllte er das ganze Haus," worin die Apostel versammelt waren.[175] Wenn nun Wasser in einen Raum ausgegossen werden würde, bis der Raum ganz „gefüllt" wäre, so würden alle Personen in demselben von Wasser umgeben oder in demselben „untergetaucht," „begraben" sein. Dies war auch der Fall bei der Ausgießung des hl. Geistes am Tage der Pfingsten. Zu beachten ist noch, daß das Wort „ausgießen" (*ekchèo*) in der vorliegenden Stelle (Apg. 2, 17) nur da gebraucht wird, wo es vom hl. Geist spricht; wenn aber die Schrift von den Personen spricht, die mit dem hl. Geist getauft werden sollen, so gebraucht sie das Wort „baptizein",[176] welches, wie schon oben aufs klarste bewiesen wurde, stets „untertauchen", „begraben" und „versenken" bedeutet. Dies wurde auch in Wahrheit dadurch bewerkstelligt, daß der Geist Gottes den ganzen Raum „füllte", in dem die Jünger versammelt waren. Nehmen wir den Grundtext zur Hand, so sind wir allen Schwierigkeiten enthoben, denn wir lesen da in Apg. 1, 5; Matth. 3, 11 und Mark. 1, 8 nicht „mit" sondern „im" hl. Geist getauft werden, d. h. in den hl. Geist hineingetaucht werden. So erklärt auch Bischof Jakobson von der englischen Hochkirche diese Stelle: „Erfüllte das ganze Haus, d. h. wie ein Bad mit Wasser gefüllt wird, so daß sie untergetaucht werden konnten in dem hl. Geist zur Erfüllung von Apg. 1, 5."[177] Somit haben wir in diesem Text einen starken Beweis für die Praxis der „Untertauchung", nie aber für das „Aufgießen".

Die nächste Stelle, die einen Beweis für die Besprengung enthalten soll, ist Apg. 2, 41. Hier berichtet Lukas von der Bekehrung und Taufe der Dreitausend. Man behauptet, 1. sei es nicht möglich gewesen, daß so viele an einem Tage untergetaucht worden seien[178], und 2. konnte es nicht geschehen, weil Jerusalem sehr arm an Wasser und Privatbädern war.[179] Mit welcher Berechtigung man die Taufe der Dreitausend an einem Tage einfach als unmöglich erklärt, ist uns unverständlich. Die Erfahrung und Geschichte lehrt vielmehr die Möglichkeit einer solchen zahlreichen Taufe an einem Tage. So schreibt *Dr.* Brenner in seiner „Geschichte der Taufe," S. 236, daß Remigius, Erzbischof von Rheims (gest. 533), 3000 an einem Tage getauft habe. Und Pfarrer Kranz (seit 1892 Missionar in China) berichtet in seiner Schrift „Einundzwanzig Gründe", S. 30: „Zwei Beispiele aus der neueren Missionsgeschichte beweisen die Möglichkeit der Taufe von mehreren Tausend

Personen an einem Tage. Am 3. Juli 1878 wurden bei Vilumpilly zwischen Ongole und Hyderabad (Südindien) 2222 Personen im Gundalacumaflusse getauft. Nur je zwei Prediger, welche jede Stunde von zwei anderen abgelöst wurden, vollzogen die Taufe, und die dazu gebrauchte Zeit war von 6 bis 10 Uhr vormittags und von 2 bis gegen 6 Uhr nachmittags. — Am 28. Dezember 1890 wurden 1671 Personen im Baptisterium des *Dr.* Clough in Ongole getauft, die dazu nötige Zeit war 4 Stunden und 25 Minuten."

Was nun die zweite Einwendung anbetrifft, wo behauptet wird, daß Jerusalem sehr arm an Wasser sei, und deshalb die Taufe der 3000 nicht durch Untertauchung, sondern durch Übergießen oder Besprengen vollzogen worden sei, so tut es uns leid, sagen zu müssen, daß diese Behauptung den geschichtlichen Tatsachen nicht entspricht. Wer das Vorrecht hatte, Jerusalem selbst in Augenschein zu nehmen, wird zugeben müssen, daß in Jerusalem und in seiner nächsten Umgebung so viele Teiche sind, daß man ohne jegliche Schwierigkeit Tausende durch Untertauchen taufen könnte. Pfarrer Kranz gibt nach *Dr.* Hiscox folgende Teiche an: „1. Teich Bethesda, 360 Fuß (engl.) lang, 130 Fuß weit, 75 Fuß tief. 2. Teich Siloah, 53 Fuß lang, 18 weit, 19 tief. 3. Der „Obere Teich", 316 Fuß lang, 218 weit, 18 tief. 4. Der „Teich des Hiskia", 240 Fuß lang, 144 weit. 5. Der „Untere Teich", 592 Fuß lang, 260 Fuß weit, 40 Fuß tief (während der Kreuzzüge noch voll Wasser). 6. Außerdem gab es mehrere kleine Teiche."[180] *Dr.* Winer erwähnt ebenfalls alle diese Teiche.[181] Und Kirchenpropst Caspers führt aus: „Weder die Unmöglichkeit noch die Unwahrscheinlichkeit einer Taufe mit dem Untertauchen des ganzen Leibes ist objektiv darzutun, denn es befanden sich in Jerusalem viele Teiche, welche das Untertauchen leicht ermöglichten."[182]

Der Teich Bethesda.

Auch Apg. 8, 36–39, wo die Taufe des Kämmerers der Königin Kandaze aus Mohrenland berichtet wird, wird angeführt, wobei das Bedenken laut wird, ob in diesem Fall genügend Wasser vorhanden war, um das Untertauchen vornehmen zu können, denn Vers 26 sagt von der Gegend, daß sie, „wüste" war. Das Wort „Wüste" bezeichnet in der Bibel fast immer eine unbewohnte Gegend, die aber nicht notwendigerweise trocken oder eine nackte Sand- und Steinfläche ohne Wasser und Vegetation zu sein braucht. [183] Als Beweis sei hier auf Matth. 14, 13–19 hingewiesen. Hier wird erzählt, daß Jesus sich in eine „Wüste" zurückzog, wohin ihm viel Volks nachfolgte. Als nun die Nacht hereinbrach, verlangten die Jünger von Jesu, daß er die Menge wegschicken sollte, damit sie in die Märkte gehen und sich Nahrung verschaffen möchten. Aber anstatt der Jünger Verlangen zu willfahren, befahl er, daß sich das Volk ins „Gras" setze, woselbst er sie mit fünf Broten und zwei Fischen speiste. Man beachte ferner, daß in Apg. 8, 36 es ausdrücklich heißt: „Und als sie zogen der Straße nach, kamen sie an ein Wasser." Diese Tatsache wird auch noch durch die Erklärung des Kämmerers bestätigt, indem er sagt: „Siehe, da ist Wasser; was hindert's, daß ich mich taufen lasse?" In Vers 38 lesen wir, daß beide, der Kämmerer sowie Philippus, in das Wasser stiegen, und er taufte ihn — *katébesan amphòteroi eis to hùdor* — und gleich der nächste Satz lautet, daß sie nach Vollzug der Taufe aus dem Wasser stiegen — *ote dé anébesan ek tou hùdatos*. Wenn, wie man hier gerne behaupten will, die Taufe durch Aufgießen oder Besprengen vollzogen worden sei, so möchten wir doch gerne fragen, wozu wäre dann ein Hineinsteigen in das Wasser nötig gewesen? All die Umstände, welche die Taufe des Kämmerers begleiten, passen auf keine andere Art der Ausführung derselben als nur auf die des Untertauchens. Der Bericht ist so klar und unzweideutig, daß er weder mißverstanden noch umgedeutet werden kann. Und wer noch ein wenig Achtung vor der hl. Schrift besitzt, wird auch nie versuchen, solch klare Zeugnisse durch seine Ideen und Meinungen zu verdunkeln.

Dr. Doddridge faßt sein Urteil, dem auch wir nur beipflichten können, in folgenden Worten zusammen: „Es würde ganz unnatürlich sein, wenn man annehmen wollte, daß sie bloß deshalb in das Wasser hinabgestiegen wären, damit Philippus davon ein wenig in seine Hand nehmen und es über den Kämmerer ausgießen könnte. Ein Mann von solchem Stande hatte auf der Reise durch ein wüstes Land ohne Zweifel mancherlei Gefäße bei seinem Geräte, in welchem Wasser hätte nach dem Wagen gebracht werden können; eine solche Vorsicht ist in jenen Ländern durchaus notwendig für Reisende und wird niemals von ihnen unterlassen."[184] Und Calvin bemerkt in seinem Kommentar zu Apg. 8, 38: „Hier sehen wir, wie die Taufe bei den Alten verrichtet wurde, denn sie tauchten den ganzen Leib in das Wasser." Dasselbe bezeugt auch Starke zu dieser

Stelle.[185]

Reisende und Forscher, die den Weg von Jerusalem nach Gaza zurücklegten, berichten, daß genügend Quellen und Teiche auf der Strecke vorhanden seien, um eine Taufe durch Untertauchen vornehmen zu können. Der Pilger Pourdeaux beschreibt nach kaum 300 Jahren, 333 n. Chr., die Sachlage wie folgt: „Von hier (Bethlehem) bis Bethazsora sind 14 Meilen, wo sich der Teich befindet, in dem Philippus den Kämmerer taufte."[186]

Der Beschreibung von G. W. Samson entnehmen wir denselben schlagenden Beweis. Er berichtet: „Von Jerusalem ausgehend und oben erwähnte Route einschlagend, laßt uns die Möglichkeit für eine Taufe durch Untertauchen der Straße entlang betrachten und speziell an der Stelle, die die Überlieferung als den Platz bezeichnet, wo der Kämmerer getauft wurde. Zu Pferde reisend mit der Beweglichkeit von 3 Meilen die Stunde, kommt man nach 2 Stunden und 30 Min. zu den drei großen Teichen Salomos, von denen das Wasser nach Jerusalem geleitet wurde. In den Tagen Jesu waren es klare Seen, denn die drei bedecken heute noch etwa 3 Acker Land, und wenn voll, so liefern sie alle notwendigen Möglichkeiten für eine Taufe durch Untertauchen, indem sie offen sind und in einem zurückliegenden Tal liegen. Selbst heute noch ist eine solche Quantität von Wasser im untern Teich vorhanden, daß ein passenderer Platz für eine Untertauchung kaum gefunden werden könnte. Von hier über Berg und Tal weiter ziehend, kommt man durch ein langes Tal, das wegen seiner vielen Brunnen von den Maultiertreibern „*Wady el Beer*", das Tal der Brunnen, genannt wird. Eine Stunde und 50 Min. machen wir an einer Anhöhe Halt, um unsere Pferde zu tränken, und um bei einem großen überdachten Reservoir, aus dem das Wasser mit einem Eimer hochgezogen wird, selbst einen Trunk zu tun. Von diesem Platze sagt *Dr.*

Robinson: Die Straße, welche die Anhöhe hinaufführt, ist künstlich; halbwegs oben befindet sich eine Zisterne mit Regenwasser und ein freier Platz für durchreisende Mohammedaner zum Beten. An dieser Stelle würde eine Taufe durch Untertauchung nicht schwierig sein. Wenn man von dort oben in das schöne Tal vor uns hinabsteigt, dasselbe kreuzt und an der entgegengesetzten Seite wieder hinaufsteigt, so erreicht man in 35 Minuten die Ruinen einer alten Stadt, die unsere Treiber *„Howoffner"* genannt haben, welches aber *Dr.* Robinson mit *„Aber Fid"* bezeichnete. Das Regenwasser-Reservoir liegt im offenen Feld mit Gras umsäumt und Olivenbäumen in der Nähe. Dasselbe ist 50–60 Fuß im Geviert und ist jetzt Ende April noch voll Wasser und zwar 3–5 Fuß tief. Es scheint sehr alt zu sein, die Mauern sind von großen gehauenen Steinen aufgebaut. Einen passenderen Platz für eine Taufe könnte man nicht finden. Indem wir durch eine offene, wohlangebaute Gegend weiterziehen, gelangen wir in einer Stunde und fünf Minuten an den Fuß eines langen und steilen Hügels mit den Ruinen einer Kirche oder Festung zur Linken der Straße. Vor derselben ist eine feine sprudelnde Süßwasserquelle und breite Steintröge, an denen wir die Pferde tränkten. Diese Stelle wurde von *Dr.* Robinson als das von Jerome und Eusebius genannte Bethsur bezeichnet, wo der Kämmerer getauft wurde. Der Boden vor der Quelle und die Struktur hinter derselben ist so zerrissen und mit Steinen bedeckt, daß man schwerlich bestimmen kann, was einst hier war. Es ist jetzt noch eine leichte Senkung mit sandigem kiesigem Boden dort. Es ist kaum anzunehmen, daß in den Tagen Herodes, des Brunnenbauers, diese günstig gelegene Quelle nicht dazu benutzt worden sein sollte, um einen großen Teich zu speisen, da das Terrain sehr günstig dazu war. Selbst heute noch fließt genug Wasser, um ein solch Reservoir zu speisen."[187]

In Apg. 10, 47. 48 will man ebenfalls ein Argument für das Begießen gefunden haben. Prof. Stuart gibt die Worte Petri in folgender Lesart: „Kann jemand verbieten, daß Wasser hereingebracht werde und diese Personen getauft werden?" Dies ist ein sehr kennzeichnendes Beispiel, wie man Worte der hl. Schrift umzudeuten sucht, damit sie in die eigene Theorie passen. Die Aussage Petri enthält auf keinen Fall diesen Sinn. Damit der werte Leser selbst urteilen kann, lassen wir hier den Text unverändert folgen: „Mag auch jemand das Wasser wehren, daß diese getauft werden, die den hl. Geist empfangen haben, gleichwie auch wir? Und befahl, sie zu taufen in dem Namen des Herrn."

Bei der Taufe Pauli sei auch die Begießung in Anwendung gebracht worden, da in Damaskus kaum hinreichend Wasser zur Untertauchung gefunden werden konnte. Wie unrichtig und unberechtigt diese Vermutung ist, geht aus den Worten des syrischen Feldhauptmanns Naeman hervor, der auf die Aufforderung des Propheten Elisa, seinen aussätzigen Leib zu waschen und sich siebenmal in den Fluten des Jordans zu taufen, antwortete: „Sind nicht Amana und Pharphar, die Flüsse von Damaskus, besser denn alle Wasser in Israel? Kann ich nicht in ihnen baden, daß ich rein sei?"[188] Von dem Amanafluß schreibt Oberkonsistorialrat Frohnmeyer: „Amana, ein den südlichen Antilibanus durchströmender, durch Damaskus fließender und sich in die östlich von Damaskus gelegenen Seen ergießender Fluß, jetzt Barada. Er hat ein sehr kühles Wasser. Sein Gewässer, das sich westlich von Damaskus in sieben Arme teilt, wird vor allem zur Bewässerung der herrlichen Baumgärten von Damaskus, wie für zahlreiche Wasserleitungen innerhalb der Stadt benutzt."[189]

Ferner behauptet man, daß der Kerkermeister zu Philippi, von dem in Apg. 16, 33 berichtet wird, nur übergossen worden sei, da im Gefängnis, wo die Taufe vorgenommen wurde, nicht so viel Wasser vorhanden gewesen sei, daß dieselbe durch Untertauchen hätte vollzogen werden können. Wir müssen vor allem von vornherein in Abrede stellen, daß die Taufe überhaupt im Gefängnis vollzogen wurde. Beachten wir die Ereignisse in ihrer genauen Reihenfolge, so ergibt sich folgendes:

1. Der Kerkermeister führte Paulus und Silas zunächst aus dem Gefängnis und nahm sie in sein Haus auf. Verse 30–33.

2. Sie verkündeten ihm hier das Wort des Herrn und allen, die in seinem Hause waren. Vers 32.

3. Er wusch ihnen die Striemen ab, und er ließ sich taufen und alle die Seinen alsobald. Vers 33.

4. Er führte sie in sein Haus und setzte ihnen Speise vor. Vers 34.

Aus dieser Erzählung geht klar hervor, daß die Taufe nicht im Gefängnis geschah. Eine Tatsache ist es, daß es in den Häusern oder im Hofe der Griechen und Römer jener Zeit stets geräumige Badebassins gab, in denen man eine Taufe durch Untertauchen leicht ausführen konnte. So schreibt z. B. Adam: „Die alten Römer hatten Bäder, kalte und warme, in ihren eigenen Häusern."[190] Ebenso *Dr. Winer*: „Man badete nicht nur in Flüssen sondern auch zu Hause, indem der Hof bei Vornehmen immer auch ein Bad umschloß."[191] „Selbst in Festungstürmen waren zuweilen Bäder angebracht. Josephus *bell. jud.* 5, 4. 3."[192] Und der Geograph *Dr.* Arendts schreibt in seinem Bericht von den Ausgrabungen der Stadt Pompeji: „Man hat die Absicht, diese in ihrer Art einzige Stadt durchgängig aufzugraben, um das häusliche Leben der Römer... zu enthüllen; bis jetzt ist mehr als ein Viertel derselben aufgegraben. Es gibt keine Ruinen, welche ein höheres Interesse einflößten, als die von Pompeji; alles findet sich hier so, wie es am Tage vor der schrecklichen Katastrophe bestand, welche im Jahre 79 nach Chr. diese Stadt unter eine Decke vulkanischer Asche begrub, die jedoch kaum einige Fuß hoch die Giebel der verschütteten Gebäude überragt. Noch sind im Straßenpflaster die Wagengeleise zu sehen. Schon schreitet man in ihren zu beiden Seiten mit Trottoirs eingesäumten Straßen einher und über die mit schönen Gebäuden gezierten Plätze hinweg; schon besucht man ihre Tempel und die Paläste der Großen; man tritt in ihre Theater und untersucht die Verkaufsgewölbe, die Schenken und die Häuser von Privatpersonen jeder Klasse. Diese letzteren gleichen alle einander; die größten, sowie die kleinsten haben im Innern einen Hof, in dessen Mitte sich ein Bassin befindet."[193] Apg. 16, 13 zeigt, daß sich in der Nähe des Gefängnisses auch ein Fluß befand. Würde der Apostel die Taufe durch Besprengung vollzogen haben, so hätte er auf keinen Fall dem Gesetze der Verordnung gemäß gehandelt, denn Jesus sagt: „taufet" (tauchet), nie aber „sprenget".

Ein römisches Privathaus mit einem Badebassin im Hof.

Überschauen wir nun noch einmal das ganze Beweismaterial, welches zugunsten der Besprengung angeführt wird, so gelangen wir zu der Überzeugung, daß keines der angeführten Beispiele als Beweis für die Form der Taufe durch Besprengung oder Begießung dienen kann, sondern daß es nur schwache Rohrstäbchen sind, auf die man baut, um ja nicht seine „Lieblingsdogmen" und eigenen Ideen opfern zu müssen.

Als letzten biblischen Beweis für die Besprengung zieht man 1. Kor. 10, 2 an — als letztes schwaches Rohrstäbchen, an das man sich verzweifelnd als den Hoffnungsanker zu klammern sucht. Hier wird die Idee verteidigt, daß die Israeliten durch die Wolke über ihnen und durch das Meer „besprengt" wurden und daß dies beweise, daß besprengen gleichbedeutend sei mit taufen. Die Sprache sowie die Tatsache lassen eine solche Zusammenstellung gar nicht zu, denn wir lesen nicht: besprengt mit der Wolke und mit dem Meer, sondern: „getauft in der Wolke und in dem Meere".[194] Auch war die Wolke, mit der die Israeliten bedeckt waren, keine Regenwolke, noch finden wir irgend einen Anhaltspunkt dafür, daß die Kinder Israel durch die Wasser des Meeres besprengt wurden, denn es heißt, daß sie mitten im Meer auf dem „Trockenen" gingen.[195] Die Tatsache ist einfach die: Als Mose seinen Stab ausstreckte, teilte sich das Wasser und türmte sich auf beiden Seiten wie eine Mauer auf und bildete auf diese Weise ein tiefes Grab, über ihnen die Wolke, mit der sie bedeckt wurden. Der Psalmist sagt: „Er breitete eine Wolke aus zur Decke und ein Feuer, des Nachts zu leuchten."[196] Auf diese Weise waren die Israeliten im Meer und in der Wolke gänzlich begraben, welches den vollen Sinn von Taufen, d. h. Untertauchen gibt. Wie man nun ein solches Bild zugunsten der Besprengung verwendet, ist unverständlich und vor allem unberechtigt.

Gataker gibt folgende der Tatsache entsprechende Erklärung zu 1. Kor. 10, 2: „Wie in dem christlichen Ritus die zu taufenden Personen von dem Wasser überflutet und gleichsam darin begraben werden, — und wiederum, wenn sie herauskommen, wie aus einem Grabe heraufsteigen, so konnte es scheinen, daß die Israeliten, als sie durch das Wasser des Meeres gingen, welches höher denn ihre Häupter war, von demselben überflutet und gleichsam darin begraben waren; und wiederum, daß sie auftauchten und erstanden als sie das andere Ufer erstiegen."[197] Ebenso J. G. P. Schmid: „Die Israeliten wurden bei ihrem wundervollen Durchgang durchs Rote Meer von der sie begleitenden Wolke und dem auf beiden Seiten aufgelaufenen Meer bedeckt wie der Täufling beim Untertauchen. So wurden sie durch jene auffallenden Zeichen auf Mose getauft oder zur Folgsamkeit gegen ihn, als einen göttlichen Gesandten, verpflichtet."[198]

Israels Durchgang durchs Rote Meer.

Wenn Besprengung oder Begießung vorzuziehen wäre,

wie man immer behauptet, warum haben dann Jesus und die Apostel, wenn sie von dieser bedeutsamen Handlung sprachen, nicht ein Wort gebraucht, welches den Sinn von Besprengen oder Begießen hatte? Oder, wenn Jesus und die Jünger der Art der Handlung einen so großen Spielraum geben wollten, d. h. daß es ganz gleichgültig wäre, in welcher Art und Weise man die Taufe vollziehe, so fragen wir wiederum, warum gebrauchten sie dann nicht die verschiedenen Wörter, welche in Wahrheit „Sprengen", „Tauchen" und „Schütten" bedeuten? Die Schreiber des N. Testaments erwähnen den Ritus der Taufe fünfundsiebenzigmal, und jedesmal gebrauchen sie das Wort *„baptizein"*, welches nur die spezielle Bedeutung von Untertauchen hat.[199] Fünfzehnmal wird Johannes als der „Baptistés" (Täufer) bezeichnet, weil er diese Handlung an den bußfertigen Seelen ausführte.[200] Trotzdem sie so oft auf die Taufhandlung hinweisen, gebrauchen sie nie eine Bezeichnung für dieselbe, die uns den Sinn von Besprengen (*rhantizein*) oder Übergießen gibt. Die Wahrheit ist also die, daß die Lehrer der Urkirche in keiner andern Weise die Taufe vollzogen als durch Untertauchen, und wer es ihnen doch andichten will, der wisse, daß die Apostel solche Weise nicht hatten und die Gemeinde Gottes auch nicht.[201]

Ursprung der Begießung und Besprengung.

Je mehr die Kirche sich ihres weltgeschichtlichen Berufs und ihrer weltbeherrschenden Macht bewußt wurde, desto mehr wich sie von den klaren Verordnungen der Schrift ab und änderte dieselben in anbequemender Weise um, da viele der Meinung waren, daß sie dem begonnenen Siegeslauf der Kirche hinderlich wären. Diese Meinung hegte man besonders in Afrika. Afrika war schon zu Tertullians Zeit, besonders aber später, ein wahres Treibhaus für allerlei abergläubische und unbiblische Neuerungen. Wie die dreifache Untertauchung, so hat auch die Besprengung und Begießung Nordafrika als Heimat. Das göttliche Original wurde in frevelnder Weise beiseite geschoben, um den eigenen menschlichen Erfindungen Platz zu verschaffen. Wir haben aus Tertullians Schriften bereits nachgewiesen, daß Tertullian selbst die Taufe durch Untertauchung vollzog und daß diese Weise in seinen Tagen als allgemeine Regel galt. Doch erwähnt Tertullian bei der Gelegenheit einer Disputation über die Frage, ob die Jünger mit der Taufe des Johannes getauft waren oder mit einer anderen, die Besprengung und Begießung. Er sagt: „Andere hingegen machen, allerdings gezwungen genug, geltend, als die Apostel im Schifflein von den Wellen bespritzt und überschüttet wurden, so habe dies bei ihnen die Stelle der Taufe vollständig vertreten, und Petrus namentlich sei, als er über dem Meer einherwandelte, genügsam eingetaucht worden."[202] Durch diese Äußerung will man behaupten, daß die Besprengung schon zur Zeit Tertullians im Gebrauch war. Dies kann aber der Bemerkung Tertullians auf keinen Fall entnommen werden, sondern nur soviel, daß die „Besprengung" als genügend erachtet wurde, um die Taufe zu ersetzen. Tertullian ist aber dieser Ansicht entgegen, indem er erklärt: „Aber ich meine, etwas anderes ist es, durch die Heftigkeit und Gewalt des Meeres durchnäßt oder hinweggerissen zu werden, und etwas anderes ist eine in Untertauchung bestehende Religionshandlung."[203] Es verhält sich mit der Frage der Besprengung in den Tagen Tertullians ebenso wie mit der Kindertaufe. Man hat beides in Erwähnung gebracht, aber nie in der Praxis ausgeübt. Für diese unsere Behauptung haben wir genügenden geschichtlichen Beweisgrund, auf den wir uns stützen können.

Interessant ist es, zu sehen, auf welche Weise die Besprengung und Begießung entstanden sind und ihre Aufnahme in die Kirche gefunden haben. Das erste, was wir von einer Besprengung oder Übergießung finden, ist zur Zeit, als Cyprian in Karthago das Episkopat inne hatte. Cyprian — nebenbei gesagt — hatte für solche Neuerungen ein weites Herz. Dies geht klar aus einem Briefe eines gewissen Magnus hervor, der sich an Cyprian mit der Frage wandte, was er von „jenen halte, welche auf dem Krankenbette die Taufgnade empfangen haben, ob sie nämlich, da sie vom Heilswasser nicht gewaschen sondern nur übergossen worden sind, als rechte Christen angesehen werden könnten".[204] Auf diese Frage antwortete Cyprian: „Die Wasserbesprengung ersetzt das heilsame Bad; denn wahrlich, der hl. Geist wird nicht nach Maß (des Taufwassers) gegeben, sondern völlig ausgegossen."[205] Er war der Meinung, daß, wo der Glaube vorhanden wäre, könne die Taufe ohne weiteres anstatt durch Untertauchung auch durch Besprengung vollzogen werden. Die Besprengung ist also nach diesen beiden Briefen dadurch entstanden, daß man die Kranken und Sterbenden nicht nach der biblischen Regel untertauchte, sondern auf dem Bette, wo sie lagen, einfach besprengte oder übergoß. Dies nannte man klinische Taufe. Auf diese Weise wurde Novatus getauft, den der römische Bischof Cornelius (gest. 252) in seinem Synodalbrief an den Bischof Fabius von Antiochien in Erwähnung bringt, indem er sagt: „Novatus wurde im Bette besprengt und erhielt so die Taufe, wenn ein solcher Empfang diesen Namen verdient."[206]

Den Anlaß, die Taufe bis auf das Krankenlager hinauszuschieben, gab offenbar die Lehre, daß die Taufe die Wirkung habe, alle Sünden wegzunehmen und die Gnade und Seligkeit erteile; ferner — und das war das Schlimmste, — daß die nach Empfang der Taufe begangenen Sünden nicht vergeben werden können.[207]

Die Krankenbegießung.

Wenn auch einzelne Kirchenväter, wie zum Beispiel Cyprian, die klinische Taufe als vollkommenen Ersatz für die Taufe durch Untertauchung erklärten, „so hielten sie dagegen andere für eine unvollständige Taufe und wollten den Kliniker, wenn er gesund wurde, mit Ausnahme dringender Notfälle vom Klerikate ausgeschlossen wissen". [208] So wird z. B. auf dem Konzil zu Neu-Cäsarea im Jahre 314, Kanon 12, beschlossen: „Wer die Krankentaufe erhielt, könne nicht zum Priester befördert werden; — denn nicht aus freiem Entschluß, sondern aus Not (Furcht vor dem Tode) legte er das Glaubensbekenntnis ab."[209] Dasselbe beschließt die Reformsynode zu Paris im Jahre 822.[210] Papst Stephan II. (752–757) wurde von den Mönchen zu Cressy betreffs der Gesetzlichkeit, ein Kind in der Not, die durch Krankheit veranlaßt wäre, zu taufen, indem man ihm Wasser mittels eines Bechers auf den Kopf gießt, befragt. Der Papst erwiderte: „Eine solche Taufe, in einer solchen Not und im Namen der hl. Trinität vollführt, soll als bündig gelten."[211]

Dieser Taufmodus wird durch mehrere Grabmäler aus dem 3. und späteren Jahrhunderten, auf denen, wie auch auf Gemälden, Abbildungen mit dieser Art der Taufhandlung vorkommen, bestätigt. *Dr.* Brenner schreibt z. B.: „Auf einem sehr alten bei Neapel vorgefundenen Sarkophage sind zwei gekrönte nackende Personen verschiedenen Geschlechts in einem Kessel stehend abgebildet, und an ihrer Seite eine männliche Figur aus einem Becken Wasser über den Kopf der ersteren schüttend, wodurch nach einigen Kritikern die Taufe der bayrischen Prinzessin Theodolinde und ihres königlichen Gemahls Authar vorgestellt sein soll. Dies wäre somit noch am Ende dieser Periode (des 6. Jahrh.) ein merkwürdiges Beispiel von einer Taufe durch Aufgießung."[212]

Auf dem englischen Konzil am 27. Juli 816 zu Celchyt wurde das Begießen ausdrücklich verboten.[213] Und das Konzil von Nemours 1284 beschränkt es auf Notfälle. Erst das Konzil zu Ravenna vom Jahre 1311 läßt zwischen Untertauchung und Begießung die freie Wahl. Seit dem Ende des 13. Jahrh. ist die Besprengung die allgemeine Regel in der abendländischen Kirche geworden. Prof. Drews schreibt: „Bis zu Cyprians Zeit war die Untertauchung herrschende Sitte, außer in besonderen Fällen. Seit dem 4. Jahrh. wird es in einigen Kirchen üblich, die Untertauchung durch eine reichliche Begießung des Hauptes zu ersetzen; dabei steht aber der Täufling im Wasser." „Die Besprengung des Kopfes, wie wir sie üben, wird erst im 13. Jahrh. der allgemeine Brauch, aber nur im Westen. Die östliche Kirche hält noch heute an der vollen Untertauchung fest."[214] Bald darauf (nach dem 13. Jahrh.) finden wir Synodalbeschlüsse, welche die Besprengung streng vorschreiben. So wird dieser Ritus nach *Dr.* Höflings

Angabe auch ausdrücklich vorgeschrieben in der Pommerischen Kirchenordnung vom Jahre 1563, sowie auch in der Österreichischen vom Jahre 1571, der Hohenlohischen von 1578, der Straßburger von 1601 und 1605, der Hanauischen, Ulmischen und Badischen.[215]

Die geschichtliche Tatsache ist also die, daß der Ritus der Besprengung und Begießung nicht apostolische Praxis war, sondern erst in der ersten Hälfte des 3. Jahrh. in den Tagen Cyprians entstanden ist, und man sie anfänglich nur an schwerkranken und sterbenden Personen in Anwendung brachte. Später, nach Cyprians Zeit, finden sich Spuren davon, daß man auch gesunde Personen, wenn auch sehr selten, durch reichliches Übergießen taufte oder, wie *Dr. Augusti* in seiner christlichen Archäologie VII, S. 231, berichtet, auch dadurch, daß man den Kopf des Täuflings ins Wasser tauchte, wobei er aber im Wasser stand, und da man die Sache eben noch bequemer haben wollte, so wandelte man die Taufhandlung schließlich in ein bloßes Besprengen der Stirn des Täuflings um.[216]

Man kann sich aus dem Lauf der Dinge ein klares Bild machen, wie nach und nach aus dem Seltenen und Ausnahmsweisen eine strenge, allgemein kirchliche Regel geworden ist, an der auch nicht ein Jota verändert werden darf. Wie konnte nur die westliche Kirche von der uralten Sitte des Untertauchens, offenbar und unbestritten apostolischer Praxis, abgehen, und wie ist diese Abweichung zu verstehen und zu rechtfertigen?

Eine Menge unbiblischer Gebräuche bei der Taufe.

Es läßt sich ohne große Mühe nachweisen, daß sehr viele abergläubische Zeremonien angenommen worden sind, welche der apostolischen Kirche und bis zum Ende des 2. Jahrh. völlig fremd waren. Im N. Testament ist die Taufe als eine öffentliche Handlung beschrieben. Dies blieb sie auch bis gegen Ende des 2. Jahrh., und es findet sich kein Beispiel von einer Geheimhaltung dieser Zeremonie, oder daß diese Handlung als eine mysteriöse galt. Seit dem 3. Jahrh. hingegen verschwindet die öffentliche Taufe, und man vollzog sie von da ab nur in Gegenwart solcher, die bereits getauft waren und dazu oft hinter verschlossenen Türen. Man findet also die Taufe mit einem Male als Mysterium behandelt. Aber die „Torheit" Gottes ist weiser als die Menschen sind. Die Taufe, wie sie von Jesu eingesetzt ist, ist eine sichtbare Offenbarung seiner göttlichen Weisheit und Größe, wie man sie aber im 3. Jahrh. mit all den vielen menschlichen und abergläubischen Zeremonien kannte, hatte sie viel Ähnlichkeit mit den sogenannten heidnischen Mysterien. Man war der Meinung, durch diese Anhängsel den Glauben zu befestigen, aber sie trugen nur dazu bei, den Aberglauben großzuziehen. Durch sie wurde die ursprüngliche feierliche Einfachheit der Taufe, wie sie uns noch bei Justin dem Märtyrer (gest. 166) entgegentritt, gänzlich verdunkelt.[217] Einige der wichtigsten dieser Gebräuche seien nachfolgend in Erwähnung gebracht:

1. Die Teufelsbeschwörung oder der sogenannte Exorcismus.

Weder in dem Bericht von der Johannestaufe, noch in dem Taufbefehl Jesu, noch in einer der vielen Taufhandlungen, die uns im N. Testament berichtet werden — auch selbst nicht bei der Taufe der Heiden —, findet man eine Spur von Teufelsbeschwörung oder auch nur die Vorstellung von einem besonderen Einfluß Satans und der Dämonen.[218] Auch die ältesten Kirchenlehrer, wie Justin der Märtyrer und Irenäus (gest. 202), wissen noch nichts davon. *Dr.* Neander schreibt darüber: „Wir finden im 2. Jahrh. noch keine Spur einer solchen Bannungsformel gegen den bösen Geist."[219] In Tertullians Schriften hingegen findet sich schon eine Art von Exorcismus vor, wenn auch noch nicht in so abergläubischer Entartung, wie man ihm im 3. und 4. Jahrh. begegnet. Tertullian führt aus: „Wir geben auch eine Zeitlang vorher in der Kirche unter der Hand des Bischofs die Erklärung ab, daß wir dem Teufel, seiner Pracht und seinen Engeln widersagen."[220] Nach Cyrill von Jerusalem (gest. 386) wandte sich der Täufling bei dieser Absagung nach Sonnenuntergang mit den Worten: „Ich entsage dir, Satan, und allen deinen Werken und allem deinem Gepränge und allem deinem Dienste."[221] Hierauf wurde dem Katechumenen befohlen, den Teufel auszublasen und auszuspeien. Später, als das Christentum zu den germanischen Völkern kam, wurde dem Täufling die Frage gestellt, ob er den Göttern Donar, Wodan, Saxnot und allen bösen Geistern und Unholden entsage. Die Antwort lautete: „Ich widersage (ek forsage)."[222] Diese Teufelsentsagung führte zu der gänzlich unbiblischen Teufelsbeschwörung. Sehr richtig bemerkt Henke hierzu: „Die Absagung war ursprünglich weiter nichts als ein

Versprechen, daß er Götzen, Götzendienst, heidnische Feste und Schauspiele verabscheuen und meiden wolle. Sie leitete aber auch weiter zu anderen Vorstellungen, und sie enthielt die Anlage zum Exorcismus."[223] Der wesentliche Unterschied zwischen der Teufelsentsagung und -beschwörung ist der, daß bei ersterer die Absagung der Täufling selbst verrichtete, die Beschwörung oder der Exorcismus hingegen von dem Taufenden vorgenommen wurde. Daß sich aber solche Gebräuche nicht auf die hl. Schrift sondern nur auf die Tradition gründeten, dessen war man sich in der alten Kirche voll und ganz bewußt. Dies bezeugt Tertullian ausdrücklich, indem er sagt: „Wenn du für diese und andere Punkte der Kirchenzucht eine ausdrückliche Vorschrift aus der hl. Schrift verlangen wolltest, so wirst du keine auftreiben können. Man wird dir die Tradition entgegenhalten als die Urheberin davon."[224]

Die erste Spur des Exorcismus bei der Taufe zeigt sich in den Verhandlungen jenes Konzils zu Karthago im Jahre 256, auf dem nicht weniger als 87 Bischöfe anwesend waren. Hier wurde verordnet, daß jeder, der zur Taufe zugelassen werde, zuvor (durch den Exorcismus) gereinigt werden müßte.[225]

Auf welche Art diese Teufelsbeschwörung vor sich ging, läßt sich klar aus einer Verordnung des Konzils zu Konstantinopel im Jahre 381, Kanon 7, ersehen. Da heißt es: „Wir behandeln sie (die Häretiker) so, wie man es mit den Heiden zu machen pfleget. Den ersten Tag machen wir sie zu Christen (d. h. wir erklären, daß sie in die christlich-katholische Kirche aufgenommen werden sollen); den zweiten Tag nehmen wir den Exorcismus mit ihnen vor, wobei ihnen dreimal in das Angesicht und in die Ohren geblasen (oder gehaucht) wird. Hernach unterrichten wir sie, lassen sie die gehörige Zeit über in der Kirche erscheinen und die Schrift hören. Sodann werden sie getauft."[226] Andere Schriftsteller erwähnen dabei noch das Bestreichen mit Speichel.[227] Im 4. Jahrh. erklärten angesehene Kirchenväter den Exorcismus zwar für heilsam, weil selbst die Kinder von dem Einfluß der bösen Geister nicht frei wären, aber nicht für notwendig und in der hl. Schrift geboten.[228]

In der morgenländischen sowie auch in der römisch-katholischen Kirche ist der Exorcismus in dieser sonderbaren Form unverändert beibehalten worden.[229] Luther ließ in der zweiten Ausgabe seines Taufbüchleins zwar alle in der ersten Ausgabe noch beibehaltenen Sitten, z. B. daß Anblasen, Bestreichen mit Speichel u. a. weg, behielt dagegen die Entsagungs- und Beschwörungsformel bei. Er erklärte diesen Brauch wohl als nützlich, doch nicht für eine dogmatische Notwendigkeit.[230] Ebenso billigte Melanchthon den Exorcizmus und mit ihm die übrigen lutherischen Theologen. Zwingli wie auch Calvin mißbilligten ihn aufs entschiedenste. Von der reformierten Kirche wird er als eine abergläubische Zeremonie verworfen.[231] Baumgarten trifft wohl in diesem Punkt das Rechte, wenn er sagt: „Es ist eine willkürliche Handlung, die in keinem göttlichen Befehl oder Notwendigkeit der Sache gegründet ist, ein Adiaphoron, ein gottesdienstliches Mittelding, oder eine menschliche Kirchenverordnung."[232]

2. Das Bestreichen mit Speichel

erfolgte nach dem Exorcismus, und nach Luthers Angabe wurden die Ohren und die Nase damit bedacht.[233] Die orientalische sowie auch die protestantische Kirche hat diese merkwürdige Sitte nicht angenommen.[234]

3. Die Bekreuzung.

Wie man im N. Testament von einer Teufelsbeschwörung nichts vorfindet, ebenso findet sich auch nicht die geringste Andeutung von dem Gebrauch der Bekreuzung vor. Es ist dies ebenfalls eine menschliche Einrichtung nach Ablauf der apostolischen Zeit. Die Kreuzbezeichnung des Täuflings geschah vor der Taufe gleich in unmittelbarer Verbindung des Bestreichens mit Speichel.[235] „Der Täufer bediente sich der Formel: „Nimm an das Zeichen des heiligen Kreuzes, beides, an Stirn und Brust."[236] *Dr. Augusti* führt noch aus: „Bekanntlich schrieben die Alten dem Kreuzeszeichen eine außerordentliche Kraft und Wirkung zu. Man darf sich daher nicht wundern, wenn der feierlichen Kreuzbezeichnung bei der Taufe eine magische Kraft beigelegt wurde."[237] Nach Dionysius soll die Salbung und Kreuzbezeichnung eine dreifache sein.[238] „In den alten Taufritualien der lateinischen Kirche findet man die einmalige Bezeichnung in Verbindung mit einem dreimaligen Anhauchen. Die evangelische Kirche hat zwar die Ölsalbung abgeschafft, aber dennoch die Kreuzbezeichnung beibehalten."[239]

4. Die Salbung.

Nach der Kreuzbezeichnung folgte als weitere, die Taufe vorbereitende Handlung die Salbung (*oleum*), zu unterscheiden von der Salbung nach der Taufe.[240] Nach Cyrill von Jerusalem wurde diese Salbung im Taufhause gleich nach der Entkleidung vollzogen, und zwar am ganzen Körper.[241]

5. Die Weihung des Taufwassers.

Nach der Salbung ging der Priester oder auch der Bischof daran, das Taufwasser zu weihen. Das erste Beispiel davon findet sich bei Tertullian. „Tertullian fing unstreitig an," schreibt Münter, „mit der Lehre von der Taufe Aberglauben zu verbinden; denn er war der erste, der dem Wasser eine physische Kraft zuschreibt."[242] Tertullian äußert sich darüber wie folgt: „Jedes Wasser erlangt vermöge der alten Prärogative seines Ursprungs die geheimnisvolle Wirkung der Heiligung durch die Anrufung Gottes. Denn es kommt sofort der Geist vom Himmel darüber herab und ist über den Wassern, heiligt sie aus sich selbst, und so geheiligt saugen sie die Kraft des Heiligmachens in sich ein. Also wird, nachdem die Gewässer durch Dazwischenkunft des Engels gewissermaßen mit Heilkräften versehen wurden, auch der Geist im Wasser leiblich abgewaschen und das Fleisch ebendaselbst geistig gereinigt."[243] Nach Dionysius' Angabe ging die Weihung in folgender Art vor sich: „Während der Priester die Salbung vollendet, geht der Bischof zur Mutter der Gotteskindschaft (denn so nennt er das Taufbassin), heiligt ihr Wasser durch heilige Anrufungen und vollendet es, indem er das heiligste Öl dreimal in Kreuzesform eingießt, er damit zugleich das Zeichen des Kreuzes macht."[244] Cyprian erklärt, daß das Wasser erst durch den Priester gereinigt und geheiligt werden muß, auf daß es die Macht habe, die Sünden der Menschen wegzuwaschen. Auch Basilius erwähnt diesen Brauch, doch zeigt er dabei, daß derselbe nicht auf Verordnung der hl. Schrift beruhe, sondern in der mündlichen Überliefernng seinen Grund habe.[245]

6. Die Verwendung des Salzes bei der

Taufe.

Dr. Freybe sagt: „Auf die Salbung folgte als weitere, die Taufe vorbereitende Handlung das Reiben mit Salz."[246] In der protest. kurbrandenburg. Kirchenordnung wie auch in der Ottheinrichs heißt es: „Hier nehme der Priester das Kind und lege ihm Salz in den Mund und spreche: Nimm hin das Salz der Weisheit, die dich fördere zum ewigen Leben. Amen."[247] Nach Dr. Augusti hat man für den Gebrauch des Salzes bis jetzt kein älteres Zeugnis als die Stelle in Augustin.[248] Die evangelische Kirche hat mit Recht auch diese Sitte fallen lassen.

Nachdem all diese gedankenlosen und fast durchweg mit Aberglauben verbundenen Gebräuche an dem Täufling zur Anwendung gekommen waren, wurde an ihm die Taufe durch dreimaliges Untertauchen vollzogen.

7. Die Salbung

mit geweihtem Öl schloß sich gleich an die Taufe an. Diese Sitte erwähnt schon Tertullian: „Aus dem Taufbade sodann herausgestiegen, werden wir gesalbt mit der gebenedeiten Salbung."[249] „Die Salbung geschieht zuerst auf Brust und Rücken mit dem Spruche: zur Heilung des Körpers und der Seele; sodann an den Ohren mit dem Spruche: zum Gehorsam des Glaubens; hierauf an den Füßen mit den Worten: zur Beförderung deiner Schritte; endlich an den Händen mit dem Zurufe: deine Hände haben mich gemacht und gebildet."[250] Nach Cyrill geschah diese Salbung an Stirn, Ohren, Nase und Brust.[251] Tertullian sowie auch Cyrill von Jerusalem gründen diese Salbung auf die „frühere Lehre, wonach man mit Öl aus dem Horn zum Priestertum gesalbt worden war".[252] Wir müssen aber bei genauerer Untersuchung feststellen, daß die Salbung, wie sie im 3. und den nachfolgenden Jahrhunderten gehandhabt wurde, auch nicht die geringste Ähnlichkeit mit der Priestersalbung hat. Luther zählt diesen Ritus mit Recht unter jene, die „von Menschen, um die Taufe zu zieren, hinzugetan sind".[253]

8. Der dreimalige Umgang um das Taufbecken.

In der griechisch-russischen Kirche schließt sich der Salbung ein dreimaliger Umgang um das Taufbecken an. Den Vorgang dabei schildert Staerk mit folgenden Worten: „Ist die Salbung mit dem heiligen Myron vollendet, so schreitet der Priester mit dem Taufpaten und dem Täufling dreimal rings um das Taufbecken, während der Chor singt (griechischer und slawischer Ritus): Alle, die ihr auf Christum getauft seid, habt Christum angezogen. Alleluja. Der Umgang beginnt von der rechten Seite, d. h. von Westen nach Süden, indem der Priester und Pate Kerzen in der Hand tragen, um die Erleuchtung auf Christus, das wahre Licht, zurückzuführen."[254]

9. Der Friedenskuß.

Jedem Neuaufgenommenen oder Getauften wurde der sogenannte Friedenskuß erteilt als Zeichen, daß er von nun an als Christ oder als Bruder im Herrn anerkannt sei. Gegen diese Sitte wäre auch durchaus nichts einzuwenden, denn wir glauben, daß dieselbe im N. Testament begründet ist und apostolische Praxis war,[255] doch nie können wir es glauben, daß dieser „Bruderkuß" in der Urgemeinde so verabreicht wurde, wie es nach Einführung der Kindertaufe in den Tagen Cyprians geschah, nämlich — auf den Fuß des Täuflings.[256]

10. Die Anlegung einen weißen Kleides.

Seit dem 4. Jahrh. wurde es Sitte, den Täuflingen unmittelbar nach der Taufe ein weißes Kleid anzulegen, welches sie acht Tage hindurch tragen mußten, „und wurden in demselben an dem auf Ostern folgenden Sonntage, welcher eben daher den Namen: *Dominice in albeis* (der weiße Sonntag) erhielt, der Gemeinde vorgestellt".[257] Womit will man diesen Gebrauch rechtfertigen? Durch das N. Testament kann es nicht geschehen, denn dasselbe berichtet uns nichts von einem achttägigen Tragen der weißen Kleider nach der Taufe.

11. Die Taufkerzen.

Ein weiterer unbiblischer Gebrauch war, daß man dem Täufling, auch den kleinen Kindern, sogenannte Taufkerzen in die Hand gab als Sinnbild der ihnen zuteil gewordenen Erleuchtung. Nach Dr. Angustis Angabe ist diese Sitte erst im 4. Jahrh. entstanden.[258]

12. Der Gebrauch von Milch und Honig bei der Taufe.

Tertullian schreibt, daß die Täuflinge, nachdem sie aus dem Wasser heraufgestiegen sind, eine Mischung von Milch und Honig genießen und sich von jenem Tage an eine ganze Woche hindurch des täglichen Badens enthalten.[259] Ob nun dieser Brauch biblisch ist, soll Tertullian selbst beantworten. Er sagt: „Wenn du für diese und andere Gebräuche eine ausdrückliche Vorschrift der hl. Schrift verlangen wolltest, so wirst du keine auftreiben können. Man wird dir die Tradition entgegenhalten als die Urheberin davon."[260]

13. Die Tonsur.

Im 4. und 5. Jahrh. finden sich viele Zeugnisse von Mißbilligung und Verwerfung der Tonsur vor. Erst am Ende des 5. und Anfang des 6. Jahrh. fing die Tonsur an, bei dem geistlichen Stande eine allgemeine Sitte zu werden.[261] Später vollzog man die Tonsur auch an Laien und Kindern, und zwar in Verbindung mit der Taufe. In der griechisch-russischen Kirche sind beide Tonsuren üblich, „die *tonsura clericalis* und die Tauftonsur".[262] Die Vollziehung der letzteren ging nach Staerks Angabe wie folgt vor sich: „Nach vorausgegangenem Gebet beschneidet der Liturg das Haupthaar des Täuflings in Kreuzesform, indem er spricht: Geschoren wird der Knecht Gottes N. N. im Namen des Vaters und des Sohnes und des hl. Geistes. Amen."[263]

So gewiß es ist, daß weder im N. Testament noch in den ersten Jahrhunderten eine Spur von einer Tonsur aufzufinden ist, so gewiß ist es auch, daß dieser Brauch direkt dem Heidentum entnommen ist. Rabaud, Präsident des Konsistoriums zu Montauban, schreibt darüber: „Die Tonsur ist ein heidnischer Brauch, Sklaven, bisweilen auch Besiegten schor man den Kopf; es war das ein Zeichen der Erniedrigung, aber auch ein Symbol der Entsagung und der Aufopferung. So schnitten sich vor dem Angesichte gewisser Göttinnen die jungen Mädchen, welche sich ihrem Dienste weihten, ihren Haarschmuck ab; in Ägypten trugen die Isispriester rasierten Kopf. Nach der Entstehung des Mönchtums schlossen sich manche Ordensleute den Bräuchen alter Zeit an und ließen sich zum sichtbaren Zeichen ihres Geistes der Demut und ihrer Gelübde der Entsagung das Haar abschneiden, von dem sie nur einen Kranz rings um den Kopf stehen ließen.... Daraus ist die Tonsur hervorgegangen."[264] Noch bestimmter äußert sich Staerk darüber: „Schon bei den alten Griechen war es Sitte, den Kindern die Haarlocken abzuschneiden und sodann zu gewissen Zeiten dieselben den Dämonen zu opfern. Durch das Christentum wurde dieser heidnische Brauch zu einem Kulte des wahren Gottes umgewandelt."[265]

14. Die Abwaschung des Täuflings am achten Tage.

Nach Beendigung aller oben angeführten Zeremonien und noch vieler anderer mehr wurde am achten Tage der Täufling wieder in die Kirche gebracht, um abgewaschen zu werden. „Diese Sitte gründet in der griechisch-russischen Kirche darin, daß bei der Myronsalbung das Chrisam nicht gänzlich abgewischt worden ist. Das Kind muß daher während dieser Zeit sein Taufröcklein tragen und darf nicht gebadet werden."[266]

Wir übergehen die übrigen Gebräuche, welche weder von beständiger Dauer waren, noch von den verschiedenen Kirchen einstimmig angenommen wurden.[267] Von den angeführten glauben wir aber den Beweis erbracht zu haben, daß sie alle durchweg eine menschliche Erfindung und Einrichtung sind und nie ihren Ursprung in der Bibel haben. Dies zeigte uns schon die oben zitierte Stelle aus

Tertullian, der unverhohlen zugibt, daß der Exorcismus und einige andere Taufgebräuche sich allein auf die Tradition gründen. Dasselbe gibt auch in noch klareren Worten Basilius der Große (gest. 379) zu, was wir seinem Buch „Vom hl. Geist", Kapitel 27, entnehmen: „Wir begnügen uns nicht mit dem, was die Apostel oder das Evangelium mitteilen, sondern wir haben noch eine ungeschriebene Lehre; wir segnen z. B. das Wasser der Taufe und das Chrisma der Salbung, ja den Täufling selbst: wo steht das geschrieben? Geschieht es also nicht nach einer verschwiegenen und geheimgehaltenen Lehre? Welches geschriebene Wort (der Bibel) lehrt die Salbung mit dem Chrisma? Woher ist es genommen, daß wir den Täufling dreimal untertauchen? Aus welchem Buche haben wir die übrigen Taufgebräuche, wie unter anderem, daß dem Teufel und seinen Engeln entsagt wird? Rühren sie nicht aus jener verborgenen Geheimlehre her, welche unsere Väter in der Stille aufbewahrten?"

Zu Luthers Zeit waren diese Taufgebräuche noch alle vorhanden und manche davon von Luther beibehalten und in Anwendung gebracht worden, doch seine Anschauung darüber ist die, daß sie alle in den Bereich der Menschensatzungen zu rechnen sind. Wir führen noch seine eigenen Worte zum Schlusse an. Er sagt: „So gedenke nun, daß in dem Taufen diese äußerlichen Stücke das Geringste sind, als da ist: unter Augen blasen, Kreuz anstreichen, Salz in den Mund geben, Speichel und Kot in die Ohren und Nase tun, mit Öl auf der Brust und Schultern salben und mit Chrisam den Scheitel bestreichen, Westerhemde anziehen und brennende Kerzen in die Hände geben, und was das mehr ist, das von Menschen, die Taufe zu zieren, hinzugetan ist; denn auch wohl ohne solches die Taufe geschehen mag und nicht die rechten Griffe sind, die der Teufel scheut oder flieht."[268]

Die gänzliche Entkleidung bei der Taufe.

Es scheint, als ob im Altertum die vielen Neuerungen gar kein Ende nehmen wollten. Ein falscher Gebrauch bahnte dem anderen den Weg, bis man Gebräuche in Anwendung brachte, die das Schamgefühl des fein denkenden Menschen aufs tiefste verletzten und die, um es gelinde zu sagen, alles andere, nur nicht schicklich waren. Gar bald ließ man die Mahnung des Apostels außer acht: „Alles aber geschehe anständig und in Ordnung."[269] So wurden zum Beispiel die Täuflinge, Männer wie auch Frauen, gänzlich entkleidet und wurden ganz nackend getauft.

Diesen allzu menschlichen Gebrauch finden wir zuerst von Cyrill von Jerusalem (gest. 386) erwähnt. Er sagt: „Sobald ihr das Innere der Taufhalle betratet, zoget ihr sogleich eure Kleider ab, und dies war das Bild des alten mit seinen Werken ausgezogenen Menschen. Ausgezogen, waret ihr nackt und ahmtet auch hierin dem am Kreuze entblößten Christus nach, der durch diese Blöße die Herrschaften und Gewalten ausgezogen und über sie am Holze mit hohem Mute triumphiert hat..... Ihr waret nackt vor den Augen aller und schämtet euch nicht, denn ihr waret wahrhaftig ein Bild des ersten Menschen, Adam, der im Paradiese nackt war und sich nicht schämte."[270] Ambrosius (gest. 397) sagt: „Die Menschen kamen so nackend zum Taufbassin wie sie in die Welt kamen."[271] Die völlige Entkleidung bei der Taufe finden wir auch von

Dionysius erwähnt.[272] Und Chrysostomus sagt, indem er von der Taufe spricht: „Die Menschen waren so nackend wie Adam im Paradies. Allein dort wurde der Mensch nach der Sünde nackt, weil er gesündigt hatte; hier dagegen wird er nackt, um von Sünden befreit zu werden. Damals zog der Mensch die Herrlichkeit aus, mit der er bekleidet war; jetzt zieht er den alten Menschen aus, und ehe er ins Taufbad steigt, zieht er ihn so leicht aus wie die Kleider."[273] Chrysostomus schreibt noch, daß der Einfall der Soldaten in die Kirche zu seiner Gefangennehmung gerade zu der Zeit geschah, als die Frauen zur Taufe sich entkleidet hatten, die so in Schrecken versetzt wurden, daß sie nackend die Flucht ergriffen.[274] Schon Athanasius (gest. 373) spricht von skandalösen Auftritten, welche in dem Taufhause vorfielen. So beschuldigt er unter anderem die Arianer, daß durch eine Überredung Juden und Heiden während einer Taufe in die Taufhalle eingebrochen seien und dabei die Katechumenen, wie sie dort standen, nackt, in einer Weise mißhandelt hätten, die zu scheußlich und schändlich wäre, um sie niederzuschreiben.[275] „Kaiser Konstantin legte," schreibt Dr. Brenner, „da er sich zur Taufe anschickte, nach der Erzählung des Simeon Metaphrastes, auch seinen letzten Leibrock ab und ließ die Schande seines Fleisches sehen."[276] „Jobia, die Tochter des Perserkönigs Sapor, wird von dem Diakon Cyriakus in ihrem Schlafgemache nackt in eine silberne Wanne gestellt, um getauft zu werden, wie Surius aus sehr alten Martyrologien erzählt."[277]

Derartige Gebräuche, wodurch das menschliche Schamgefühl auf solche schändliche und frivole Weise untergraben wurde, kann man mit irgend einem Namen bezeichnen, aber nur nicht „christlich" heißen. Unzuchtsszenen, die sich bei derartigen Gelegenheiten abspielten, machten es notwendig, synodale Erlasse ergehen zu lassen, die dahin lauteten, daß die Frauen zur Zeit, wenn die Männer getauft würden, das Baptisterium nicht betreten durften. Ein solches Verbot erließ z. B. eine persische Synode von 485. Der Metropolit Barsumas von Nisibis, der diese Synode leitete, tadelt den Katholikus, „weil er gestattet, daß Frauen das Baptisterium betreten und bei der Taufe zuschauen durften, woraus Unzuchtsvergehen und unerlaubte Heiraten entstanden seien".[278]

Wahrlich, hier finden wir Mysterien dazu geschaffen, den Heiden, der zu einer solchen christlichen (?) Kirche übertrat, für alles, was er zurückließ, zu entschädigen. Wie bald verlor doch das Gold seinen Glanz und wurde seine ihm vom Goldschmied gegebene Form verunstaltet.

Materien, in und mit welchen getauft wurde.

Schon im A. Testament, wo die christliche Taufe durch mancherlei Waschungen und die Priesterweihe vorgebildet ist, wird von Gott ausdrücklich geboten, daß dazu nur Wasser verwendet werden soll.[279] Aus den vielen Taufberichten des N. Testaments ist klar ersichtlich, daß die Taufe zur Zeit Christi und der Apostel nur im Wasser vollzogen wurde. So sagt Johannes zu seiner Zuhörerschar: „Ich taufe euch mit Wasser." Und von der Taufe Jesu schreibt der Evangelist: „Da Jesus getauft war, stieg er alsbald herauf aus dem Wasser."[280] Johannes der Täufer taufte zu Enon, weil er daselbst „viel Wasser" hatte.[281] Ebenso berichtet Lukas, daß die Taufe des Kämmerers, die des Kornelius, seiner Verwandten und Freunde, nachdem sie glaubten, im Wasser vollzogen worden sei.[282]

Aus diesen und anderen Stellen ist zu ersehen, daß in der Urkirche das Wasser das einzige Element der Taufe war, und man findet es auch von den ältesten Schriftstellern als solches bezeichnet, so zum Beispiel von Justin dem Märtyrer (Apol. I, Kap. 61), Tertullian (*De Baptismo*), Cyprian (Ep. 70, 1), Cyrill von Jerusalem (Dritte mystagogische Katechese, Kap. 5), von Basilius dem Großen, Gregor von Nyssa (Große Katechese, Kap. 35), Gregor von Nazianz, Chrysostomus, Augustin u. a.[283] Da die Kirche aber immer mehr von den klaren Vorschriften der hl. Schrift abging und dafür menschliche Satzungen annahm, zeigte sich's bald, daß man nicht nur die Wassertaufe als die einzig gültige erklärte, sondern auch solche als rechtmäßige Taufen annahm, bei denen eine andere Materie verwendet wurde als Wasser.

Auf der Versammlung zu Quiercy (wahrscheinlich 754) soll Papst Stephan III. (II.) den Mönchen eines benachbarten Klosters auf 19 Fragepunkte Antwort gegeben haben. Die Antwort auf die 11. Frage ist besonders ihres Inhaltes nach wichtig, da sie für uns einen Beleg dafür enthält, daß auch mit Wein getauft wurde. Es heißt da nach Hefeles Angabe: „Wenn jemand ein todkrankes Kind, weil durchaus kein Wasser zu haben, mit Wein tauft, so soll er nicht gestraft werden, und sie sollen nicht nochmals getauft werden."[284] Papst Benedikt XII. (1334 bis 1342) erwähnt in einem Brief an König Leo IV. die vielen Irrtümer der Armenier, bei welcher Gelegenheit er ihnen auch die Taufe mit Milch und Wein zum Vorwurf macht.[285] Sogar Speichel wurde zur Taufe oder besser gesagt zum Anfeuchten der Stirn verwendet, denn man erklärte: „Eine Taufe mit Speichel ist ungültig."[286]

Eine Menge Fragen über die Materie der Taufe findet man, nach *Dr.* Augusti, in der scholastischen Periode aufgeworfen, die oft zu heftigen Streitigkeiten Anlaß gaben. „Die Materie der Taufe, sagen die Scholastiker, ist das Wasser. Dies bewies man mit zwölf Gründen.... Einige behaupteten wieder, daß man auch mit Erde taufen dürfe, weil es scheine, daß der Mensch darin könne getauft werden, worin Christus begraben worden."[287] Auch wurde die Frage aufgeworfen, ob man nicht mit Luft taufen könne, denn „alle Gründe für das Wasser, die eindrückende Kraft ausgenommen, passen ebensogut und noch besser auf die Luft. Sie ist noch reiner und heller, zum Leben notwendiger und noch gemeiner als das Wasser."[288]

Dr. Augusti schreibt ferner: „Daß man in Lauge (*lixivio*) taufen dürfe, versicherten viele berühmte Doktoren, wie Astesanus, Inguen, Pelbartus. Ihr Hauptgrund war, daß Wasser, welches durch Asche durchsickere, zwar verändert aber nicht verwandelt werde. Rubio, Paludanus u. a. aber leugneten dies und wollten nicht gestatten, daß in Lauge getauft werde."[289]

Ferner war man der Meinung, daß man auch in Bier, Honig- und Rosenwasser taufen dürfe; ja sogar Fleisch- und Fischbrühe oder auch Butter und Fett könne dazu verwendet werden. Diese Idee vertraten besonders Thomas von Aquino, Sylvester und Astesanus.[290] Auch wurde die Frage aufgeworfen, ob man in Schnee, Eis, Hagel, Reif und Tau taufen dürfe. Diese Frage bejahten einige, andere wieder verneinten sie.[291]

Diese merkwürdigen und nicht weniger eigentümlichen Fragen erstreckten sich über die scholastische Periode hinaus, und man findet sie noch zu Luthers Zeit vor. *Dr.* Augusti schreibt darüber: „Selbst nach dem scholastischen Zeitalter haben diese seltsamen Fragen sich nicht ganz verloren. Es wurde Luther zum Vorwurf gemacht, daß er in seinen Tischreden sich dahin erklärte, daß man im Notfalle auch mit Wein, Milch oder Bier taufen könne. Diese gelegentliche Äußerung aber verdiente um so weniger urgiert zu werden, da Luther in seiner zweiten Taufpredigt (*T. VII, ed. Jen. p. 469*) sich bestimmt gegen den Gebrauch des Weins, Biers, der Lauge und anderer Dinge, und allein das Wasser als das von Christus verordnete Element der Taufe erklärt."[292]

Den Reformatoren des 16. und 17. Jahrh. haben wir es allein zu verdanken, daß sie das Althergebrachte umstürzten und mit den unbiblischen Gewohnheiten und Sitten der Kirchenlehrer des Mittelalters aufräumten.

Die stellvertretende Taufe der Lebenden für die Toten.

Schon recht früh findet sich die merkwürdige Sitte vor, daß sich Lebende in Stellvertretung für ungetauft Verstorbene taufen ließen. Daß schon zur Zeit des Apostels Paulus dieser seltsame Gebrauch vorhanden war, geht klar aus 1. Kor. 15, 29 hervor, wo er ihn zu seiner Beweisführung für die Auferstehung der Toten benutzt, indem er schreibt: „Was machen sonst die, welche um der Toten willen sich taufen lassen, wenn die Toten überhaupt nicht auferstehen? Warum lassen sie sich um derselben willen taufen?"[293] Stehen die Toten nicht auf, warum dann noch etwas zugunsten derselben vornehmen! Es ist ja mit dem Tode alles vorüber, alles aus. Eine solche Handlung ist dann unnütz. Dies wäre der richtige Sinn dieses Verses.

Da der Apostel diesen Mißbrauch nicht tadelt, bringen einige Gelehrte die irrige Meinung zum Ausdruck, daß sich diese Sitte in der Gemeinde zu Korinth gebildet hätte und so nach und nach allgemein als eine christliche Handlung angesehen worden wäre.[294] Wie man zu einer solchen Annahme kommen kann, ist für uns unbegreiflich. Erstens haben wir für eine solche Taufe keinen Befehl und auch keine Verheißung in der Schrift. Wie Gott von einem Menschen, der seinen Willen weiß, einen persönlichen Glauben fordert, ebenso verlangt er auch eine persönliche Taufe, denn es steht geschrieben: „Tut Buße und lasse sich ein jeglicher taufen."[295] Zweitens liegt im Text selbst der unumstößliche Beweis dafür vor, daß ein Gebrauch dieser Art nicht in der Gemeinde Gottes, sondern außerhalb derselben ausgeübt wurde. Man achte bitte auf die Fürwörter, die der Apostel im Laufe seiner Argumentation über die Auferstehung des Leibes gebraucht. „Ist aber Christus nicht auferstanden, so ist unsre Predigt vergeblich, so ist auch euer Glaube vergeblich. Wir würden aber auch erfunden falsche Zeugen Gottes... Hoffen wir allein in diesem Leben auf Christum, so sind wir die elendesten Menschen... Was machen sonst die, welche um der Toten willen sich taufen lassen, wenn die Toten überhaupt nicht auferstehen? Warum lassen sie sich um derselben willen taufen?"[296] Während Paulus hier, wenn er von der Gemeinde redet, die Fürwörter „wir", „unser", „euer", „ihr" gebraucht, benutzt er im 29. Vers die dritte Person „die", „sie". Wenn nun die stellvertretende Taufe der Lebenden für die Toten in der Gemeinde geübt worden wäre, wie ja viele behaupten wollen, so müßte der Wortlaut des 29. Verses unbedingt folgender sein: Was machen sonst wir, die wir uns für die Toten taufen lassen? Wenn Tote doch nicht auferstehen, warum lassen wir uns dann noch taufen für sie? Aber es heißt: „Was machen sonst die, welche um der Toten willen sich taufen lassen.... Warum lassen sie sich um derselben willen taufen?"

Die Tatsache ist also die, daß es schon im apostolischen Zeitalter Leute gab, die sich zugunsten der Verstorbenen taufen ließen, welche aber die Auferstehung der Toten leugneten. *Dr.* Bernhard Weiß bemerkt zu dieser Stelle: „Zum Abschluß macht Paulus einige praktische Anwendungen von seiner Erörterung. Es muß auch bei denen, welche eine Auferstehung leugneten, vorgekommen sein, daß man sich zum Besten ungetauft verstorbener Angehöriger taufen ließ in der Hoffnung, daß diese Taufe ihnen zugute kommen, den Mangel ihrer Taufe ersetzen werde. Der Apostel enthält sich jedes Urteils über diesen abergläubischen Gebrauch, der doch jedenfalls von wärmster Fürsorge für das Heil geliebter Verstorbener zeugte. Ihm kommt es nur darauf an zu zeigen, wie die Auferstehungsleugnung die heiligsten christlichen Gefühle verletze, da ja, wenn Tote überhaupt nicht auferstehen, man auch nichts mehr zu ihrem Besten tun kann."[297]

Die Sitte der stellvertretenden Taufe verpflanzte sich auch in die nachapostolische Zeit und hat sich bei mehreren häretischen Sekten und Parteien, besonders aber bei den Marcioniten noch Jahrhunderte hindurch erhalten. Tertullian weist in seiner Schrift „Über die Auferstehung des Fleisches", Kap. 48, auf sie hin, und in seinem Buch gegen Marcion erklärt er diesen Gebrauch als eine Nachahmung der bei den heidnischen Römern im Februar üblichen Totenopfer.[298] Bischof Epiphanius (gest. 403) berichtet in seinem Brief „Wider die Ketzereien" von den Kerinthianern, einer Sekte, die im letzten Viertel des apostolischen Zeitalters durch Kerinth ihren Anfang nahm. [299] „Wir sind auch berichtet, daß einige derselben [Kerinthianer] ohne Taufe gestorben seien, andere aber sich für sie auf ihren Namen taufen lassen, damit sie nicht einst bei der Auferstehung über der nicht empfangenen Taufe gestraft werden und unter die Gewalt des Weltschöpfers kommen. Dahin erklären wenigstens einige die Taufe über den Toten, wovon der Apostel in dem angezogenen Kapitel (1. Kor. 15) geredet hat."[300]

Interessant ist der Vorgang bei dieser Vikariatstaufe. Chrysostomus (gest. 407) schildert ihn, indem er von den Marcioniten berichtet, mit folgenden Worten: „Ist bei ihnen ein Katechumen gestorben, so verstecken sie einen Lebenden unter dem Bette des Verblichenen; dann treten sie vor den Toten, reden ihn an und fragen ihn, ob er getauft werden wolle. Da nun dieser nicht antwortet, so spricht der unter dem Bette Versteckte, daß er getauft werden wolle; und so taufen sie diesen anstatt des Verblichenen und treiben damit Komödie."[301]

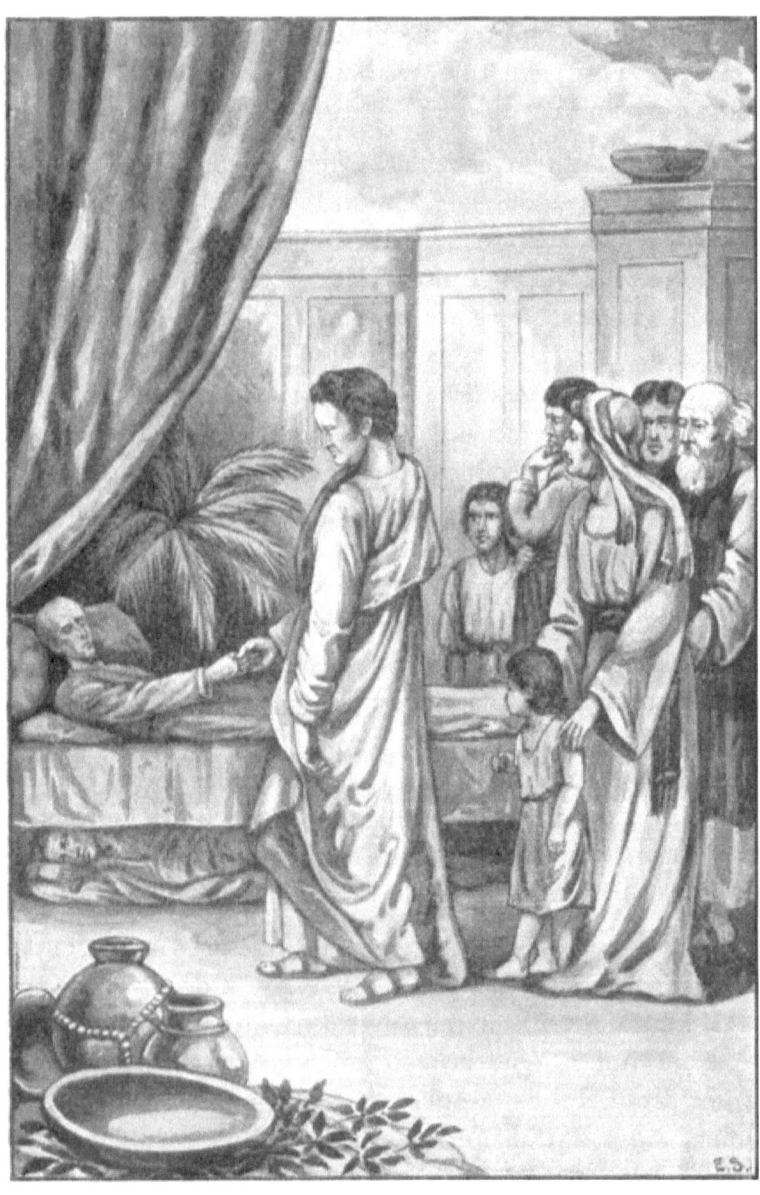

Die stellvertretende Taufe der Lebenden für die Toten.

Auch in neuerer Zeit gibt es eine christliche Gemeinschaft, die im Jahre 1830 in Amerika ihren Anfang nahm, die Mormonen, welche die Taufe für die Toten ausüben und diese Handlung irrtümlicherweise durch die fragliche Stelle 1. Kor. 15, 29 rechtfertigen.[302]

Aber nicht nur, daß man Lebende an Stelle der Verstorbenen taufte, sondern die Verirrungen gingen so weit, daß leichtgläubige Priester sogar Tote selbst tauften und ihnen das Abendmahl spendeten, da man, wie Leutwein bemerkt, der Meinung war, daß die Taufe Unsterblichkeit bewirke.[303] Daß dies schon im 4. Jahrh. an manchen Orten dem kirchlichen Aberglauben nicht fern geblieben war, ergeht aus einer Äußerung des Gregor von Nazianz (gest. 390).[304] Auch Philastrus berichtet, daß die Kataphrygier und Montanisten die Toten taufen.[305] Ebenso bestätigt dies das Verbot der Synode zu Hippo im Jahre 393, wo beschlossen wurde, Kanon 4: „Den Leichnamen Verstorbener soll die Eucharistie nicht gegeben und die Taufe nicht erteilt werden."[306] Das III. Konzil zu Karthago im Jahre 397, Kanon 5, erließ ein gleiches Verbot.

Ist außer dem Glauben auch noch die Taufe zur Seligkeit notwendig?

Hat einerseits die Kirche des Altertums sowie auch die spätere der Taufe allerlei magische Wunderkraft zugeschrieben und damit den lächerlichsten Aberglauben verbunden, so gab es auch solche, welche die Taufe für gänzlich überflüssig hielten und behaupteten, daß der Glaube zur Seligkeit völlig hinreiche. Diese letzte Meinung gab auch Tertullian die Veranlassung, seine Abhandlung „Über die Taufe" gegen eine Frau namens Quintilla aus der häretischen Partei des Cajus zu schreiben. Tertullian hält die Taufe für eine „Besiegelung" oder „als äußere Hülle für den Glauben". Aus Joh. 3, 5 in Verbindung mit Matth. 28, 19 leitete er die Notwendigkeit der Taufe zur Seligkeit ab.[307] In der Geschichte des Mittelalters findet man ebenfalls des öfteren die Idee vertreten, daß, wo ein tiefer und reiner Gottesglauben vorhanden ist, die Taufe überflüssig sei.

Im Reformationszeitalter traten Männer auf, die dieselbe Meinung hatten. So verwarf Schwenckfeld (gest. 1561) die Wassertaufe und lehrte, „daß die Menschen nur durch den Glauben und nicht durch die Taufe selig würden".[308]

Dieser Behauptung begegnet man auch in unsern Tagen noch sehr oft. Nun fragt sich's, ob diese Lehre einen Schriftgrund hat oder ob sie nur auf Menschenmeinung beruht. Einige Stellen des N. Testaments sollen uns über diese Frage Klarheit geben. Zuerst sei hier die Taufe Jesu angeführt. Er, das reine und unbefleckte Gotteslamm, der sicher mehr Glauben besaß als je ein Sterblicher, ließ sich taufen und bezeugte ihre Notwendigkeit, indem er sagte: „Also gebühret es uns, alle Gerechtigkeit zu erfüllen."[309] Auch im Taufbefehl selbst liegt ein klarer Beweis dafür vor, daß außer dem Glauben die Taufe erforderlich ist. Da lesen wir: „Gehet hin in alle Welt und prediget das Evangelium aller Kreatur. Wer da glaubet und getauft wird, der wird selig werden."[310] Die Taufe ist hier außer dem Glauben dem Menschen von Christo als eine unerläßliche Pflicht zur Seligkeit gemacht. Auch nicht das mindeste liegt in den Worten Jesu, was uns zu einer Einschränkung der Taufe berechtigen oder veranlassen könnte.

Paulus bekehrte sich und wurde an Christum gläubig, aber dies genügte nicht — er mußte sich auch noch taufen lassen. Dies war es auch, was ihm der Herr auf seine Frage hin: „Herr, was willst du, daß ich tun soll?" befahl: „Stehe auf und gehe in die Stadt; da wird man dir sagen, was du tun sollst,"[311] nämlich sich taufen zu lassen, was ihm einzig noch fehlte. Diese Tatsache bestätigt Paulus auch durch die Erzählung seiner Bekehrungsgeschichte.[312] All die vielen Neubekehrten und an Jesum gläubig gewordenen Seelen, von denen wir in der Apostelgeschichte berichtet finden, sind stets auch getauft worden. Auch nicht ein einziger Fall wird angeführt, woraus zu ersehen wäre, daß in der apostolischen Kirche der Glaube als genügend erachtet wurde.[313]

Macht die Geistestaufe die Wassertaufe überflüssig?

Inmitten der östlichen wie auch der westlichen Kirche gab es freidenkerische Parteien, welche zuerst — und dies mit vollem Recht — die unzähligen abergläubischen Gebräuche der Kirche verachteten, später aber unberechtigterweise auch die Taufe verwarfen mit der Begründung, daß nur die Geistestaufe nötig sei. „Unter den Griechen," schreibt Ruperti, „waren es im 12. Jahrh. die Bogomilen, die Messalianer und Euchyten; in der lateinischen Kirche die aus den Paulicianern entstandenen sogenannten Manichäer, welche sich vom 11. und 12. Jahrh. an aus dem griechischen Reiche in Italien, Frankreich, den Niederlanden, England und Deutschland ausbreiteten." „Sie nannten die gewöhnliche Taufe der Kirche eine bloße Wassertaufe, rühmten dagegen das Sakrament des Händeauflegens, welches sie die geistige Taufe nannten, weil dadurch der Geist mitgeteilt und die Sünde vergeben werde. Sie tauften daher diejenigen, welche zu ihrer Partei übertraten, ohne Gebrauch des Wassers, durch Berufung des hl. Geistes, Singen des Vaterunsers und Händeauflegen."[314]

Die Quäker, welche im Jahre 1649 in England entstanden, verwerfen ebenfalls die Wassertaufe und lehren, daß dieselbe anfänglich nur eine Abbildung der innern und geistigen Taufe dargestellt habe, für die jetzige christliche Kirche aber nicht mehr bindend wäre. Die einzige wahre und notwendige Taufe sei die Taufe mit dem hl. Geist. Diese ihre Lehre steht aber im krassesten Gegensatz zu den klaren Vorschriften des Wortes Gottes. Jesus gebot den Jüngern die Taufe.[315] Die erste Predigt auf Grund dieses Befehles ist uns durch Lukas in Apg. 2 wiedergegeben. Da wird durch Petrus die Taufe zur Bedingung der Verheißung des hl. Geistes gemacht. „Die Gabe des Geistes" ist die verheißene Segnung. Buße und Taufe sind die gebotenen Pflichten, um die verheißene Segnung zu empfangen.

Petrus, der auf besondere Anweisung des Herrn in das Haus des Kornelius ging, predigte unter Leitung des Geistes demselben sowie allen, die sich im Hause versammelt hatten. Die Wirkung und das Ergebnis dieser Predigt war, daß der hl. Geist auf alle fiel, die dem Worte zuhörten. Aus der Anordnung Petri, welche er nach diesem gab, geht hervor, daß die Geistestaufe nicht allein genügte, vielmehr aber das Empfangen derselben ein Beweis dafür ist, daß die Wassertaufe am Platze sei. Er sagt: „Mag auch jemand das Wasser wehren, daß diese nicht getauft werden, die den hl. Geist empfangen haben gleichwie auch wir? Und befahl, sie zu taufen in dem Namen des Herrn."[316]

Paulus kam auf seiner dritten Missionsreise nach Ephesus, wo er etliche Jünger fand, die den hl. Geist noch nicht empfangen hatten. Der Apostel unterrichtete sie zunächst gründlich im Evangelium, dann wurden sie auf sein Gebot hin getauft, und erst nachdem sie getauft waren, legte der Knecht Gottes die Hände auf sie und erflehte so den hl. Geist Gottes auf die Neugetauften herab.[317] Die Reihenfolge in bezug auf die Pflicht und die Gabe ist hier dieselbe, welche wir auch von Petrus in Apg. 2, 38. 39 beobachtet finden.

Wir könnten derartige Beispiele noch mehr aus der Schrift als Beweis, daß die Geistestaufe niemals die Wassertaufe überflüssig macht, anführen, doch glauben wir, daß die bereits zitierten vollständig genügen werden. Diejenigen, welche die Wassertaufe verwerfen, verwerfen den, der sie geboten hat und verachten den hl. Geist, der durch Jesum wirkte. Die Weisheit solcher Menschen ist in diesem Falle nicht in Übereinstimmung mit dem Worte Gottes und kann deshalb nicht von obenher sein.

Wir glauben so fest wie irgend jemand an die Notwendigkeit, den hl. Geist zu besitzen. Aber ebenso sicher sind wir auch davon überzeugt, daß ihn Gott nur da geben kann, wo Achtung und Gehorsam vor seinen heiligen Geboten und Vorschriften vorhanden ist. Ungehorsam ist eine Zaubereisünde, betrübt den hl. Geist und verwirkt den Segen.

Die Kindertaufe.

Nachdem wir bis hierher den werten Leser, der sich unserer Führung anvertraute, mit der Untersuchung der Taufe der Erwachsenen beschäftigten, und ihn größtenteils mit den verschiedenen damit in enger Verbindung stehenden biblischen sowie menschlichen Sitten und Gebräuchen bekannt machten, wollen wir durch Nachfolgendes ihn kurz in die Geschichte der Kindertaufe einführen. Und da sie ja in der allgemeinen christlichen Kirche einen so gar wichtigen Platz einnimmt, so hoffen wir, daß der behandelten Frage volles Interesse entgegengebracht wird.

Die Lehre und die Praxis in bezug auf diese kirchliche Einrichtung war seit den Tagen ihrer Entstehung bis in die Gegenwart herein stets ein Gegenstand mannigfacher Anzweiflung und Anfeindung. Wo man einerseits mit Nachdruck ihre Notwendigkeit geltend macht und ihre Bedeutung für das christliche Leben über alles hoch erhebt, da ist man andererseits, als man für eine so wesentliche und wichtige Sache auch klare Aussprüche des Herrn selber und seiner Vertreter, der Apostel, herbeiführen wollte, in Konflikt geraten, da es eben auf letzterem Wege unmöglich ist, diese Praxis zu rechtfertigen und aufrechtzuerhalten. Selbst bei Männern aus dem Bereich ein und derselben Kirche, mögen wir nun die katholische oder protestantische nehmen, ganz gleich, gehen die Ansichten in diesem Punkt weit auseinander.

In der reichhaltigen Literatur über die Kindertaufe kann

man vielfach ein starkes Bestreben beobachten, dieselbe als eine apostolische Praxis hinzustellen, und man ist bei diesem Versuch bemüht, dies mit der hl. Schrift und der Wissenschaft in Einklang zu bringen. Es wird also die Untersuchung nach der Richtung hin vorzugsweise zu führen sein, ob die Kindertaufe auch wirklich biblisch und historisch als ein von Christo gebotener und den Aposteln ausgeübter Gebrauch begründet und nachzuweisen ist.

Haben die Apostel Säuglinge getauft?

Wir sind bei der Beantwortung dieser nicht unbedeutenden Frage durchaus nicht auf Hypothesen angewiesen, sondern uns stehen die reinsten und unverfälschtesten Geschichtsquellen zur Verfügung, denen wir zu jeder Zeit unser volles Vertrauen entgegenbringen können, nämlich die Schriften der Apostel. Sie allein können uns die zuverlässigste Antwort auf unsere Frage geben, denn in ihnen finden wir die genauesten Berichte von dem, was die Träger des Evangeliums taten und lehrten, und da sie auch auf die unbedeutendsten Punkte der christlichen Lehre aufmerksam machten und sie einer genauen Erörterung unterzogen,[318] so muß auch unbedingt eine so wesentliche Einrichtung wie die Kindertaufe, wenn sie eine apostolische Praxis war, Erwähnung in den apostolischen Briefen finden.

Die Frage wäre nun, finden sich im N. Testament Aussprüche, die uns das Vorhandensein der Säuglingstaufe im apostolischen Zeitalter bestätigen? Diese Frage wird von verschiedenen Seiten bejahend beantwortet. Katholiken wie Protestanten pflegen aber nicht nur dieselben Beweisstellen anzuführen sondern auch dieselbe Methode dabei zu verfolgen. Unterziehen wir deshalb die zur Begründung dieser Behauptung herangezogenen Stellen einer genauen und unparteiischen Untersuchung.

Zunächst wäre Mark. 10, 13–16 näher ins Auge zu

fassen. Wir lesen hier, daß Mütter ihre Kinder zu Jesu brachten mit dem Wunsche, daß er die Hände auf sie lege, für sie beten und sie segnen möge. Die Jünger aber wiesen sie zurück. „Da es aber Jesus sah, ward er unwillig und sprach zu ihnen: Lasset die Kindlein zu mir kommen und wehret ihnen nicht; denn solcher ist das Reich Gottes." Wie man nun in diesen Worten Jesu einen Beweis für die Säuglingstaufe finden will, ist ganz unbegreiflich. Denn wo steht hier etwas davon geschrieben, daß Jesus diese Kinder taufte? Wir lesen nichts davon! Nur eins wird gesagt: „Jesus rief sie zu sich," und sie kamen zu ihm, und er nahm sie in seine Arme, „herzte sie und legte die Hände auf sie und segnete sie."[319] Auch wird in dieser Erzählung mit keiner Silbe der Paten gedacht oder an andere bei der Kindertaufe übliche Zeremonien, wie z. B. Teufelsbeschwörung, Ölsalbung, Kreuzschlagen, das Anblasen und Bestreichen der Ohren und Nase des Täuflings mit Speichel u. a. m. Es ist sicher, daß Jesus weder diese Kinder noch Erwachsene getauft hat, denn in Gottes Wort wird ausdrücklich gesagt: „Jesus selber taufte nicht, sondern seine Jünger."[320] Ebenso gewiß ist es aber auch, daß die Jünger diese Kleinen nicht tauften, denn sie haben ja dieselben „hinweggewiesen". Es ist sicher unsere heiligste Pflicht, die Kinder zu Jesu zu führen, aber dies kann nie durch die Taufe derselben geschehen, sondern nur, indem man ihnen von diesem Freund der Kleinen, dem Heilande, erzählt, sie mit seiner Lehre und seinem Willen bekannt macht, sie erzieht „in der Zucht und Ermahnung des Herrn".[321] Und dann, wenn sie genugsam unterrichtet worden sind, wenn sie aus eigener Überzeugung und freier Wahl, mit aufrichtigem, verlangendem Herzen die Taufe wünschen, dann erst sollten sie dieselbe empfangen. Es ist unbegreiflich, wie man schon seit der ältesten Zeit bis in die Gegenwart gerade diese Stelle zur Empfehlung und Rechtfertigung der Kindertaufe hat anführen können. Es muß doch einem jeden

Einsichtsvollen, der einen Augustin nicht über Christus stellt und die symbolischen Bücher einer Kirche nicht an Stelle der deutlichen Aussprüche und Lehren der hl. Schrift setzt, klar sein, daß unser Text mit der Taufe nichts zu schaffen hat und somit die Meinung von dem Vorhandensein der Kindertaufe in den Tagen der Apostel nicht im geringsten unterstützt. Man mag wohl nach eigenem Belieben Hitze Kälte, weiß schwarz, rund viereckig, gerade krumm oder gar eine Flasche Tinte eine Tasse Milch heißen, aber um der Sache Gerechtigkeit widerfahren zu lassen und um der hl. Schrift willen, soll man doch nicht zu behaupten suchen, daß eine Segnung eine Taufe sei.

Eine richtige und der Tatsache entsprechende Bemerkung zu dieser Stelle macht Olshausen: „Von der bei dieser Erzählung häufig gesuchten Beziehung auf die Kindertaufe ist hier offenbar keine Spur zu sehen. Der Erlöser stellt die Kinder den Aposteln als Symbole der geistigen Wiedergeburt und des in ihr gegebenen kindlichen Sinnes dar, — von seiten der die Kinder herbeibringenden Eltern wurde aber offenbar nichts weiter beabsichtigt als ein geistiger Segen für dieselben (der indes nicht als eins mit der Taufe zu denken ist), und diesen schöpften die Kleinen aus der Handauflegung Christi, die durch das Gebot, das sie begleitete, getragen, nicht ohne wohltuenden, geistigen Einfluß sein konnte."[322]

Jesus segnet die Kinder.

Dr. Gmelin schreibt in seinem Antrag und Vorschlag an die Landessynode der evangelischen Kirche Württembergs von 1894: „Daß alle die Stellen, die man bisher in Nachahmung der mittelalterlichen Kirche für jene magische Wirkung der Taufe angeführt hat, insbesondere Mark. 10, 14, wo das Wort Jesu ja auf ungetaufte Kinder sich bezieht, nichts beweisen, oder gar wie Matth. 28 und Mark. 16 mit ihrer Vorausstellung und Betonung des Lehrens und des Glaubens gerade den gegenteiligen Sinn haben, brauchen wir wohl gegenüber Theologen, wie in der Schrift gebildeten Laien nicht lange des Näheren nachzuweisen."[323]

Weitere Stellen, durch die man den Beweis erbringen will, daß die Apostel auch Kinder tauften, sind Apg. 10, 48; 16, 15. 33; 18, 8 und 1. Kor. 1, 16, wo uns berichtet wird, daß ganze „Häuser" getauft wurden. Man behauptet, daß bei einer Taufe ganzer Familien auch unbedingt kleine Kinder dabei waren. Untersuchen wir die betreffenden Stellen aber etwas genauer, so werden wir bald sehen, auf welch schwachen Füßen diese Annahme ruht, denn es steht in keinem dieser Texte, daß auch Kinder oder wohl gar Säuglinge getauft wurden; vielmehr wird uns darin berichtet, daß nur, „die dem Worte zuhörten" getauft wurden.[324] Auch der Haushalt der Lydia bestand aus erwachsenen Personen, denn die mit ihr getauft wurden, werden „Brüder" genannt, welche Paulus noch vor seiner Abreise durch das Wort ermahnte und tröstete.[325] Sie müssen somit in gereiftem Alter gestanden haben und im Besitze des rechten Verständnisses von dem gewesen sein, was Paulus ihnen vorführte. Dies ist aber bei Säuglingen ausgeschlossen. Olshausen meint, daß die mit Lydia Getauften Verwandte und Diener ihres Hauses waren. Er fährt dann fort und sagt: „Es fehlt uns nämlich durchaus an einer sicheren Beweisstelle für die Kindertaufe im apostolischen Zeitalter, und aus der Idee der Taufe läßt sich ihre Notwendigkeit nicht ableiten. Der Nachweis, daß die Kräfte des Geistes auch in dem bewußtlosen Kinde, selbst im Mutterleibe, schon tätig sein konnten, reicht dazu nicht hin, indem die Wiedergeburt, als deren Vermittlung die Taufe ihrer vollen Idee nach dasteht, mehr ist als ein bloßes Aufnehmen höherer Kräfte, nämlich eine Aufnahme derselben im tiefsten Lebensgrunde und eine dadurch herbeigeführte Veränderung der ganzen Lebenseinrichtung, welche ohne Bewußtsein und Bekenntnis der Hingabe an den heiligen und erhabenen Inhaber dieser Kräfte nicht denkbar ist."[326]

Dem Kerkermeister zu Philippi wurde durch Paulus und Silas „das Wort des Herrn und allen, die in seinem Hause waren," gesagt, worauf er und sein Haus sich taufen ließen und sich mit ihnen freuten, daß er an Gott gläubig geworden war.[327] Auch diese Stelle enthält nicht den leisesten Beweis, daß hier an unmündigen Kindern die Taufe vollzogen worden wäre, denn denen konnte doch Paulus sicher keinen Vortrag halten.

Von Krispus, dem Obersten der Schule zu Korinth, wird berichtet, daß er an den Herrn mit seinem ganzen Hause glaubte und getauft wurde. Und von dem Haushalt des Stephanus lesen wir, „daß sie die Erstlinge in Achaja waren und haben sich selbst verordnet zum Dienst den Heiligen". [328] Dies kann doch unmöglich von Säuglingen gesagt werden. Es ist somit auch hier von Erwachsenen die Rede.

Wir lassen hier noch einige Autoren zu Worte kommen, die das, was wir bis dahin ausführten, bestätigen. Zunächst lassen wir den großen Neander reden. Er sagt: „Daß Christus die Kindertaufe nicht eingesetzt hat, ist gewiß......, daß die Apostel eine Kindertaufe eingesetzt haben, läßt sich wenigstens nicht beweisen; — aus solchen Stellen, wo von der Taufe ganzer Familien die Rede ist, wie in Apg. 16, 33; 1. Kor. 1, 16 kann dies gewiß nicht dargetan werden, denn es fragt sich ja, ob in diesen Familien Kinder von solchem Alter waren, daß bei ihnen noch gar keine bewußte Annahme des Christentums stattfinden konnte, nur hierauf kommt es an."[329]

Das Gleiche entnehmen wir auch dem „Theologischen Universal-Lexikon", Art. „Taufe", S. 1478: „Die Kindertaufe kennt das N. Testament noch nicht (auch nicht 1. Kor. 1, 16 oder an Stellen wie Apg. 16, 15 „sie und ihr Haus"; 16, 31 ff.), sie muß vielmehr durch 1. Kor. 7, 14 als ausgeschlossen gedacht werden." Ferner Prof. *Dr.* F. Probst: „Für die Kindertaufe beruft man sich gewöhnlich auf jene Stellen, denen gemäß die Apostel ganze Familien tauften, obwohl sie keine genügende Beweiskraft besitzen. Denn es ist fraglich, ob sich unter den Familiengliedern kleine Kinder befanden, worum es sich gerade handelt."[330] Prof. P. Lobstein, der in einer Abhandlung die Kindertaufe verteidigt, ist genötigt, unverhohlen zuzugeben, daß das N. Testament von einer Kindertaufe nichts wisse: „Alle Stellen des N. Testaments," schreibt er, „die von der Taufe reden, beziehen sich auf Erwachsene und setzen bei den Neubekehrten freie Zustimmung, willige Unterwerfung unter die Bedingungen des Eintritts in die christliche Gemeinde voraus. Die Urkunden des Urchristentums zeigen nicht die geringste Spur von der Sitte der Kindertaufe; die Beispiele und Analogien, auf welche sich die Anhänger der Überlieferung berufen, sind ohne durchschlagende Bedeutung. Das Zeugnis der Geschichte der ersten Jahrhunderte ist nicht weniger entscheidend."[331] *Dr.* Steitz schreibt: „Daß im N. Testamente sich keine Spur von Kindertaufe findet, darf wohl für die wissenschaftliche Exegese [Auslegung] als festgestellt gelten; alle Versuche, dieselbe aus den Einsetzungsworten oder aus Stellen wie 1. Kor. 1, 16 zu deduzieren [abzuleiten], sind darum als willkürliche Künsteleien aufzugeben."[332] Ebenso *Dr.*

Feine: „Die Übung der Kindertaufe ist in der apostolischen und nachapostolischen Zeit nicht nachweisbar. Wir hören mehrfach von der Taufe ganzer Hausgemeinden. Apg. 16, 15. 32 ff.; 18, 8; 1. Kor. 1, 16. Aber die letzte Stelle zusammengehalten mit 1. Kor. 7, 14 spricht nicht zugunsten der Annahme, daß damals auch die Kindertaufe üblich war."[333] Und *Dr.* Schenkel führt aus: „An die Taufe von unmündigen Kindern im apostolischen Zeitalter kann nicht gedacht werden. Man beruft sich zwar auf Stellen, wie Apg. 16, 15. 33; 18, 8; 1. Kor. 1, 16, in denen von der Taufe eines „Hauses", d. i. einer Familie, die Rede ist, um die Meinung glaubhaft zu machen, daß unter anderm auch Kinder mitgetauft worden seien. Allein unter dem „Hause" sind erwachsene Familiengenossen und Sklaven zu verstehen; unmündige Kinder von christlichen Eltern galten als durch die Eltern dem Herrn geheiligt. (1. Kor. 7, 14.) Erst die spätere dogmatische Befangenheit, nach welcher die Geistesmitteilung und mithin die Teilnahme am christlichen Heil schlechterdings durch die Taufe bedingt sein sollte, ließ die Kindertaufe als eine unerläßliche Pflicht erscheinen, und da es, um dieselbe zu begründen, an Schriftzeugnissen fehlte, so wurde die aus der Luft gegriffene mündliche Überlieferung zu Hilfe genommen... Unter keinen Umständen darf sie [die Kindertaufe] auf einen Befehl Christi und der Apostel zurückgeführt werden."[334]

Schließlich will man auch in 1. Kor. 7, 14, wo Paulus erklärt, daß die Kinder gläubiger Eltern nicht unrein, sondern „heilig" seien, ein Argument zugunsten der Kindertaufe gefunden haben. Wenn aus den Worten des Apostels das Recht zur Kindertaufe folgen soll, so kann mit demselben Recht daraus geschlossen werden, daß der ungläubige Mann einer gläubigen Frau oder die ungläubige Frau eines gläubigen Heidenchristen, von denen Paulus ja in der ersten Vershälfte redet, sofort getauft werden darf.

Diese Stelle hat übrigens mit der Kindertaufe gar nichts zu tun, sie birgt vielmehr unseres Erachtens einen starken Beweis dafür, daß die Apostel noch keine Säuglinge tauften, denn wäre sie schon zu der Zeit üblich gewesen, so würde sich der Apostel, wie auch Prof. Heinrich meint, für die Heiligkeit der Christenkinder einfach auf die Taufe berufen haben.[335] Prof. Schmiedel bemerkt zur Stelle: „Der von der Gottgeweihtheit der Kinder entnommene Beweis zeigt, daß die Kindertaufe noch nicht üblich war, da das „unrein" sonst gar nicht als möglich gesetzt werden konnte."[336] Ebenso Olshausen: „Übrigens ist klar, daß Paulus diese Beweisgründe nicht gewählt haben würde, wenn damals schon die Kindertaufe üblich gewesen wäre."[337] Und *Dr. de Wette* schreibt: „Sonach hätten wir denn in dieser Stelle [1. Kor. 7, 14] einen Beweis, daß zur Zeit der Apostel die Kinder noch nicht getauft wurden."[338] Stadtpfarrer Bossert bedient sich derselben Sprache: „Die Kindertaufe war noch nicht apostolische Praxis, wie unseres Erachtens aus 1. Kor. 7, 14 hervorgeht, wo der Apostel die Heiligkeit oder Gottgeweihtheit der Kinder christlicher Eltern sicherlich nicht von ihrer natürlichen Zugehörigkeit zu den letzteren abgeleitet haben würde, wenn die Taufe als an ihnen bereits vollzogen vorausgesetzt wäre."[339] Ebenso Prof. W. Beyschlag: „Von einer Kindertaufe ist bei Paulus wie im ganzen N. Testament keine Rede; vielmehr ist die Art und Weise, wie er in 1. Kor. 7, 14 in betreff der Christenkinder argumentiert, — daß, wenn der nicht christliche Gatte unrein und nicht vielmehr durch die Lebensgemeinschaft mit dem christlichen Gatten „geheiligt" wäre, dann auch die Christenkinder unrein sein würden, — der schlagendste Beweis, daß an ein „Heiligen" der Christenkinder durch die Taufe noch gar kein Gedanke war. Also zur Taufe kam damals nur, wen sein entstehender persönlicher Glaube dazu trieb; und wiederum war dieser Glaube noch kein entschiedener, solange er nicht ins

Taufwasser trieb; das Sichtaufenlassen war der entscheidende Schritt aus der Welt in die Gemeinde der Gläubigen."[340] Auch W. Heitmüller macht das Zugeständnis, daß das apostolische Zeitalter keine Kindertaufe kannte.[341] Und Prof. Dr. v. Palmer, der der Kindertaufe aus pädagogischen Gründen eine bedeutende Stelle einräumt, ist genötigt, indem er von den geschichtlichen Anfängen derselben redet, zuzugeben: „Die Kindertaufe kann aber jedenfalls noch nicht in den Zeitraum fallen, aus dem die neutestamentlichen Schriften stammen, da diese auch nicht die leiseste Spur jener Sitte enthalten."[342] Dasselbe Zugeständnis macht auch Dr. Riehm[343], Dr. Bernhard Weiß in seiner Erläuterung zu 1. Kor. 7, 14[344], sowie Dekan Ziegler aus Neuenstadt in einem Vortrag über die Taufe, den er in Stuttgart im Kreise der Freunde der christlichen Welt hielt.[345] Selbst von katholischer Seite wird offen zugestanden, daß „sich kein Beispiel in der hl. Schrift vorfindet, daß Kinder getauft worden wären".[346]

Findet man selbst unter den neueren protestantischen Dogmatikern noch solche, die die Kindertaufe als eine apostolische Praxis anerkennen und sich bemühen, sie durch Schrtftbeweise aufrechtzuerhalten,[347] so ist es doch von höchster Wichtigkeit, daß fast alle modernen Exegeten und Kirchenhistoriker in ihrem Urteil übereinstimmen, daß die Kindertaufe im apostolischen Zeitalter nicht geübt wurde. So schreibt z. B. Prof. Drews: „Dafür, daß in der apostolischen Zeit auch Kinder getauft worden seien, fehlt jedes sichere Zeugnis. Wenn man für die Kindertaufe einen Schriftbeweis zu erbringen versucht hat, so ist das immer vergebliche Mühe gewesen...., denn keine der angeführten Stellen reichen zum Beweise aus."[348] Ein noch klareres Zeugnis in dieser Richtung stammt aus der Feder des bekannten Pastors J. Dammann: „Ich weiß, daß vor mehreren Jahren in einem unserer Predigerseminare die

Sakramente behandelt wurden und am Schlusse des Semesters von sämtlichen Teilnehmern der Satz angenommen wurde: Die Kindertaufe ist eine kirchlich gewordene Einrichtung, die weder vom dogmatischen noch vom biblischen Standpunkte aus aufrechtzuhalten ist."[349]

Und *Dr.* Lange, der ehemalige Professor an der Universität zu Jena, der alle Gründe, die man zur Verteidigung der Kindertaufe herbeiführt, untersuchte und aus Grund der hl. Schrift und der Vernunft widerlegte, schließt seine sachliche Ausführung mit den Worten: „Wollen wir solche und ähnliche Gründe da gelten lassen, wo es wesentlich darauf ankommt, ein vernünftiges, tatkräftig in das Leben der Menschen eingreifendes Christentum, nicht bloß im Buche sondern im Leben der Menschen geltend zu machen, und all den Sauerteig auszufegen, der sich noch in Lehre und Disziplin unserer evangelischen Kirche aus dem Katholizismus erhalten hat, so wird es nie möglich, eine wahre evangelische Kirche herzustellen: bald soll die Schrift die höchste und letzte Norm sein, bald Rücksichten, welche die Schrift nicht kennt, und durch welche die wahre Lehre derselben ihrer Bedeutsamkeit gänzlich beraubt wird." „Man hat in neuerer Zeit schon zugestanden, daß das Bestehen der Kindertaufe in der apostolischen Zeit weder historisch noch exegetisch bewiesen werden könne. Es war auch in der Tat ein mehr als zu desperates Ausfluchtsmittel, wenn evangelische Theologen, die doch nichts in die hl. Schrift hineintragen sollen, unter „machet zu Jüngern alle Völker" (Matth. 28, 19) auch die Kinder der Heiden mit begriffen wissen wollten."[350]

Wir schließen mit den beachtenswerten Worten des berühmten lutherischen Professors W. Beyschlag, dem allerseits das Zeugnis gegeben werden muß, daß er in seinen Abhandlungen sachlich, unparteiisch und wahrheitsliebend ist und der in theologischen Kreisen als eine Autorität gilt. Er führt aus: „Was aber die historische Zurückführung kirchlicher Erbgüter auf Christus und seine Apostel angeht, so wird, wenn damit wissenschaftlich Ernst gemacht wird, wenig oder nichts Außerbiblisches übrig bleiben: z. B. daß Christus oder seine Apostel den Episkopat als vom Presbyteriat verschiedenes Kirchenamt eingesetzt oder das sogenannte apostolische Symbolum verfaßt oder die Kindertaufe, die Firmung, den Sonntag und die Feiertage verordnet, läßt sich nicht nur nicht erweisen, sondern es läßt sich sogar das Gegenteil zu aller nach Lage der Zeugnisse denkbaren Evidenz bringen." „Wie vieles, was wir halten, Sonntag und Feiertage, Apostolikum, Kindertaufe und Konfirmation, diese wesentlichen Hauptpunkte unseres kirchlichen Lebens, haben wir ja nicht aus dem N. Testament, sondern aus der kirchlichen Überlieferung."[351]

Beschneidung und Taufe.

Da alle Stellen des N. Testaments, die zur Begründung der Kindertaufe herangezogen werden, nicht ausreichen, um dieselbe aufrechtzuerhalten, so greift man in der Not ins A. Testament zurück und ist der Meinung, daselbst etwas Stichhaltiges für die Säuglingstaufe gefunden zu haben. Man sagt nämlich, die Taufe sei im N. Testament an die Stelle der Beschneidung getreten. Wie nun im A. Testament die Beschneidung das Bundeszeichen wäre, ebenso sei es die Taufe im N. Testament. Deshalb, wie im A. Bund die Kinder schon das Bundeszeichen empfangen hätten, so sollten sie es auch im N. Bunde empfangen. Wir wollen nun auch diesen letzten Beweisgrund an etlichen allgemeinen Tatsachen und auf Grund von Gottes Wort prüfen.

Zuerst: Ist die Taufe im N. Testament an die Stelle der Beschneidung getreten? Diese Frage ist an der Hand einiger Bibelstellen leicht zu beantworten. So wird in Röm. 2, 29 gesagt: „Die Beschneidung des Herzens ist eine Beschneidung, die im Geist und nicht im Buchstaben geschieht." Was nun diese „Beschneidung des Herzens" zu bedeuten hat, sagt derselbe Apostel in seinem Brief an die Kolosser: „In welchem ihr auch beschnitten seid mit der Beschneidung ohne Hände, durch Ablegung des sündlichen Leibes im Fleisch."[352] Diese Worte Pauli sind für jeden Unbefangenen ein klarer Beweis dafür, daß an Stelle der Beschneidung nicht die Taufe, sondern die Herzensbekehrung trat, welche der Apostel hier als eine Beschneidung des Herzens erklärt, die aber das Ablegen der

Sünde als Erkennungszeichen trägt. Wie im A. Testament das Zeichen des Bundes die Beschneidung war, so ist die Beschneidung des Herzens das Siegel des N. Bundes. Aber der letzte Text birgt für diesen Punkt noch einen Beweis. Es heißt nämlich da, daß diese Beschneidung des Herzens „ohne Hände" geschieht. Die Taufe wird aber mit den Händen vorgenommen wie auch die Beschneidung des A. Testaments.

Ein weiterer Beweis, daß die Taufe nicht an die Stelle der Beschneidung trat, ergibt sich aus den Verhandlungen auf dem Apostelkonzil zu Jerusalem, wo über die Frage verhandelt wurde, ob auch die Heiden sich nach dem mosaischen Gesetze beschneiden lassen müßten, um als wirkliche Bekenner Christi angesehen zu werden. Wäre nun die Taufe wirklich an die Stelle der Beschneidung getreten, so hätten dies die Apostel unbedingt in ihren Erklärungen erwähnen müssen. Doch findet sich auch nicht das geringste davon in den Urkunden jenes Konzils vor.[353] Ferner lesen wir, daß Paulus Timotheus beschnitt, nachdem er schon getauft war.[354] Andererseits widersetzte er sich entschieden, Titus zu beschneiden.[355]

Dr. Lange führt in bezug auf die Herbeiführung der Kindertaufe aus: „Andere beriefen sich auf die Parallele zwischen der jüdischen Beschneidung und der christlichen Taufe. Kol. 2, 11. Wenn bekanntlich schon im 2. Jahrh. diese Vergleichung zur allmählichen Empfehlung und Einführung der Kindertaufe mitwirkte, so wollen wir das dem christlichen Altertum gern zugute halten; wir wissen aber auch, daß auf dieselbe Weise das Priestertum, die Hierarchie, in die christliche Kirche eingeführt worden ist. In letzter Hinsicht hat unsere Kirche die Unstatthaftigkeit einer solchen Parallele erkannt; hinsichtlich der Taufe will man sie noch auf gut katholische Weise gelten lassen, ohne zu bedenken, daß das *tertium comparationis* so etwas gar nicht gestattet." „Der Heide und Jude sollte geistig beschnitten werden, die Vorhaut des Fleisches, Begierden und Sünden ablegen. Konnte man aber an eine solche allegorische Deutung bei der Kindertaufe denken? Hat man später in der Kirche, nachdem die Lehre von der angeborenen Sündhaftigkeit, von dem Einwohnen des Teufels und der bösen Geister in den Seelen der Ungetauften Eingang gefunden, eine solche Parallele angewendet, so erlaubt diese dem heutigen evangelischen Theologen, der allein der hl. Schrift folgen soll, keine Anwendung auf die Schriftlehre."[356]

Wenn aber die Verteidiger der Kindertaufe aus der Vorschrift der Beschneidung doch eine Berechtigung für die Säuglingstaufe folgern wollen, so sind sie doch nur berechtigt, die Knaben zu taufen, und dies müßte dann auch genau am achten Tage geschehen.

Schließlich ist zu beachten, daß die Beschneidung ein nationaler Akt war, und schon die fleischliche Abstammung berechtigte zur Annahme dieses Zeichens, während im N. Bunde eine „neue Kreatur", eine „Wiedergeburt von oben her", erforderlich ist.[357] Der N. Bund pflanzt sich nicht durch leibliche Geburt von Christen fort, auch nicht durch äußerliche Gemeinschaft mit Christen, sondern durch den Glauben an Christum.[358] Der Mensch muß seine höhere geistige Bestimmung, seinen Ursprung von Gott erkennen. Liebe zur Wahrheit und Tugend machen ihn allein der Liebe Gottes, die er durch seinen eingebornen Sohn offenbarte, würdig, und der Glaube an diesen gibt einem jeden die Hoffnung wahrer und ewiger Seligkeit.[359] „Wie viele ihn aber aufnahmen, denen gab er Macht, Gottes Kinder zu werden, die an seinen Namen glauben; welche nicht von dem Geblüt noch von dem Willen des Fleisches noch von dem Willen eines Mannes, sondern von Gott geboren sind."[360] Der Unterschied zwischen dem A. und N. Bund besteht darin: Unter dem ersten hatten wohl die leiblichen Nachkommen Abrahams ein Anrecht auf das Bundeszeichen, und zwar nur die Kinder männlichen Geschlechts; aber unter dem zweiten ist kein Unterschied zwischen Juden und Griechen, zwischen Knecht und Freiem, zwischen Mann und Weib, d. h. es besteht kein anerkannter Unterschied in der Vorsehung des Evangeliums, sondern „ihr seid allzumal einer in Christo Jesu".[361] Alle Klassen, alle Nationen müssen, wenn sie der Vorrechte und Segnungen des N. Bundes teilhaftig werden wollen, die Beschneidung des Herzens annehmen. Nur unter dieser Bedingung können sie Abrahams Same und Miterben der gleichen Verheißungen werden.[362] „In Christo Jesu gilt weder Beschneidung noch Vorhaut etwas, sondern der Glaube, der durch die Liebe tätig ist."[363]

Wir kommen also zu dem Schluß, daß aus der Beschneidung des A. Bundes auch nicht im geringsten die Berechtigung zur Kindertaufe hergeleitet werden kann. Diejenigen, die die Taufe an die Stelle der Beschneidung setzen, weisen ihr einen Platz an, den die Bibel ihr nie angewiesen hat. Diese Theorie ist nur eine rein menschliche Erfindung, und zwar nur, um die Kindertaufe aufrechtzuerhalten.

Das Dogma vom vorhandenen Glauben und dem hl. Geist in den Kindern und der Wiedergeburt durch die Taufe.

Die hl. Schrift lehrt, daß alle Menschen ohne Unterschied, ob jung oder alt, reich oder arm, allzumal Sünder sind und des Ruhmes, den sie an Gott haben sollen, ermangeln.[364] „Derhalben, wie durch einen Menschen die Sünde ist kommen in die Welt und der Tod durch die Sünde, und ist also der Tod zu allen Menschen durchgedrungen, dieweil sie alle gesündigt haben."[365] Von dieser Sünde, die uns nur den Tod bringt, kann uns allein Jesus, das wahre Gotteslamm, befreien.[366] Die ihn nun als den Erlöser von Sünden und Tod erfassen und an ihn glauben, „wie die Schrift sagt"[367], wiedergeboren werden zu einer neuen Kreatur in Christo Jesu[368] und dann dem Heilande in der Taufe folgen, werden von Christo die Zusicherung bekommen: „Solcher ist das Himmelreich."[369] Also ein bewußter freiwilliger Glaube und eine persönlich erlebte Wiedergeburt berechtigen allein zum Empfang der Taufe.

Die Reformatoren machten auch, im Gegensatz zur Lehre der katholischen Kirche, vom Begriff und Nutzen guter Werke zur Sündenvergebung den Glauben als einzige Bedingung. Dieser Begriff vom Glauben wirkte auch zunächst wesentlich ein auf die Bestimmung des Begriffes, des Zweckes und des richtigen Gebrauches der Sakramente.

So heißt es z. B. im 13. Artikel der Augsburgischen Konfession ausdrücklich: „Vom Gebrauch der Sakramente wird gelehrt, daß die Sakramente eingesetzt sind nicht allein darum, daß sie Zeichen seien, dabei man äußerlich die Christen kennen möge, sondern daß es Zeichen und Zeugnis sind göttlichen Willens gegen uns, unsern Glauben dadurch zu erwecken und zu stärken, derhalben sie auch Glauben fordern, und dann recht gebraucht werden, so man's im Glauben empfähet und den Glauben dadurch stärken." Und in der Apologie der Augsburgischen Konfession erklärt Melanchthon zum 13. Artikel: „So sind nur rechte Sakramente die Taufe und das Nachtmahl des Herrn, die Absolution. Denn diese haben Gottes Befehl, haben auch Verheißung der Gnaden, welche denn eigentlich gehört zum N. Testament und ist das N. Testament. Denn dazu sind die äußerlichen Zeichen eingesetzt, daß dadurch bewegt werden die Herzen, nämlich durchs Wort und äußerliche Zeichen zugleich, daß sie glauben, wenn wir getauft werden, wenn wir des Herrn Liebe empfahen, daß Gott uns wahrlich gnädig sein will durch Christum, wie Paulus sagt: Der Glaube ist aus dem Gehöre. Wie aber das Wort in die Ohren gehet, also ist das äußerliche Zeichen für die Augen gestellet, als inwendig das Herz zu reizen und zu bewegen zum Glauben." „Darum sagen wir auch, daß zum rechten Brauch der Sakramente der Glaube gehöre, der da glaube der göttlichen Zusage, und zugesagte Gnade empfahe, welche durch Sakrament und Wort wird angeboten. Und dies ist ein gewisser rechter Brauch der heiligen Sakramente, da sich ein Herz und ein Gewissen auf wagen und lassen mag. Denn die göttliche Zusage kann niemand fassen, denn allein durch den Glauben."[370] Luther lehrt im Kleinen Katechismus: „Wasser tut's freilich nicht, sondern das Wort Gottes, so mit und bei dem Wasser ist, und der Glaube, so solchem Wort Gottes im Wasser trauet." Aus dem Angeführten geht klar hervor, daß Luther wie auch Melanchthon den Glauben als wesentliche Bedingung zum richtigen Empfang der Taufe stellten; und wo dieser Glaube nicht vorhanden ist oder wenigstens nicht dazu kommt, wo das Wort Gottes keine Wirkung auf das Herz des Täuflings hat, da ist die ganze Taufhandlung nur eine unnütze Zeremonie. Um aber die Notwendigkeit des Glaubens bei der Taufe auch aus der Schrift zu beweisen, wird des öfteren ausdrücklich auf Mark. 16, 16 verwiesen. [371] Luther erläutert selbst diese Stelle auf folgende Weise: „Aufs dritte, weil wir den großen Nutzen und Kraft der Taufe haben, so laß nun weiter sehen, wer die Person sei, die solches empfange, was die Taufe gibt und nützet. Das ist abermals aufs feinste und klarste ausgedrückt eben mit den Worten: „Wer da glaubet und getauft wird, der wird selig," das ist, der Glaube macht die Person allein würdig, das heilsame, göttliche Wasser nützlich zu empfangen. Denn weil solches allhier in den Worten bei und mit dem Wasser vorgetragen und verheißen wird, kann es nicht anders empfangen werden, denn daß wir solches von Herzen glauben; ohne Glauben ist es nichts nütze, ob es gleich in ihm selbst ein göttlicher, überschwenglicher Schatz ist. Darum vermag das alleinige Wort „wer da glaubt" so viel, daß es ausschließet und zurücktreibt alle Werke, die wir tun können, der Meinung, als dadurch Seligkeit zu erlangen und verdienen. Denn es ist beschlossen, was nicht Glaube ist, das tut nichts dazu, empfänget auch nichts."[372]

Zu dieser Ausführung Luthers bemerkt *Dr.* Lange: „Aus dieser Äußerung folgt, daß:

1. Die Taufe, wenn sie wirksam sein, und den Menschen der göttlichen Wohltaten würdig machen soll, notwendig den Glauben voraussetze, da es das Wasser nicht allein mache.

2. Die Taufe ohne den Glauben dessen, der getauft wird, nichts nütze, ja, da hier der Glaube an das Wort Gottes

wegfällt, und also bloß das Wasser als äußeres Zeichen bleibt, nicht einmal eine wahre Taufe sein könne.

3. Eine Taufe ohne den Glauben uns durchaus keinen Anspruch auf die Erlangung der Seligkeit gebe."[373] Nach diesen Bemerkungen fährt *Dr.* Lange fort und stellt fest: „Vergleichen wir diese Bestimmungen über die Taufe mit den früher angegebenen Grundsätzen unserer symbolischen Bücher über Nutzen und Gebrauch der Sakramente überhaupt, so steht alles in der vollkommensten Übereinstimmung: der Glaube dessen, der das Sakrament feiert, ist die wesentliche Bedingung, wonach er durch dasselbe der verheißenen Gnade teilhaftig wird; ohne den Glauben ist das Sakrament, so auch die Taufe, unnütz zur Seligkeit, mithin kein eigentliches Sakrament, keine wahre Taufe."[374]

Dies wären somit die Grundlehren und Bestimmungen der symbolischen Bücher der protestantischen Kirche in bezug auf die Vorbedingungen der Taufe. Sie stehen in genauem und richtigem Verhältnis zueinander, und solange sie an Erwachsene gestellt werden, ist es unmöglich, ihre biblische Grundlage oder Gültigkeit auf irgendeine Weise in Zweifel zu ziehen.

Aber trotz dieser klaren und bestimmten Lehrgrundsätze behielten die Reformatoren die Kindertaufe bei und waren bemüht, die Richtigkeit derselben zu verteidigen. Wir werden bald sehen, in welchen krassen Widerspruch sie mit ihrer Lehrtheorie und Praxis kamen, da ihnen eben durch die Beibehaltung der Säuglingstaufe die schwierige Aufgabe erwuchs, nachzuweisen, daß auch bei den Kindern ein selbstbewußter Glaube vorhanden sei und eine Wiedergeburt in ihnen vorgehe. Wir stellen auch hier ihre wesentlichen Lehrbestimmungen auf Grund der symbolischen Bücher zusammen. Die Augsburgische Konfession enthält im 9. Artikel folgende Erklärung: „Von der Taufe wird gelehrt, daß sie nötig sei und daß dadurch Gnade angeboten werde, daß man auch die Kinder taufen soll, welche durch solche Taufe Gott überantwortet und gefällig werden. Derhalben werden die Wiedertäufer verworfen, welche lehren, daß die Kindertaufe nicht recht sei." Melanchthon gibt in seiner Apologie der Konfession, Artikel 9, für die Gültigkeit der Kindertaufe zwei Gründe an. Erstens sei es außer Zweifel, daß in dem Befehl Christi, „gehet hin, taufet alle Heiden," auch die Kinder mitinbegriffen sind. „So folgt gewiß daraus, daß man die jungen Kinder taufen mag und soll, denn in und mit der Taufe wird ihnen die allgemeine Gnade und der Schatz des Evangeliums angeboten." Zweitens sei es sicher, daß Gott die Kindertaufe billige, denn er verleiht den getauften Kindern den hl. Geist. Melanchthons eigene Worte lauten: „Daß aber Gott Gefallen hat an der Taufe der jungen Kinder, zeigt er damit an, daß er vielen, so in der Kindheit getauft seien, den hl. Geist hat gegeben; denn es sind viele heilige Leute in der Kirche gewesen, die nicht anders getauft seien."[375] Auf ähnliche Weise versucht auch Luther im Großen Katechismus die Notwendigkeit der Kindertaufe zu beweisen. Er führt aus: „Daß die Kindertaufe Christo gefalle, beweiset sich genügsam aus seinem eigenen Werk, nämlich, daß Gott deren viel heilig macht und den hl. Geist gegeben hat, die also getauft sind, und heutigen Tags noch viel sind, an denen man spüret, daß sie den hl. Geist haben, beide der Lehre und des Lebens halber. Wo aber Gott die Kindertaufe nicht annähme, würde er derer keinem den hl. Geist noch ein Stück davon geben; Summa, es müßte so lange Zeit her bis auf diesen Tag kein Mensch auf Erden Christ sein." Das heißt mit andern Worten, wenn die Kinder von einigen Tagen oder Wochen den hl. Geist nicht erhielten, würde ihn niemand empfangen. Ohne die Säuglingstaufe gäbe es also gar keine Kirche. *Dr.* Lange sagt zu Luthers Ausführung mit Recht: „Das Unstatthafte, rein Mystische, dem

Evangelium ganz und gar Widersprechende solcher Argumentation, wie sie nur hervorgehen konnten aus völliger Nichtbeachtung der Erfahrung, aus jenen schwankenden Begriffen vom hl. Geiste und seinem Wirken, aus denen die Reformatoren sich nicht herausfinden konnten, aus einer einseitigen Vorstellung vom Zweck und Begriff der christlichen Kirche, übergehen wir hier, um auf einen zweiten Grund, durch welchen Luther die Kindertaufe rechtfertigen will, aufmerksam zu machen, bei dem wir leider erstaunen müssen, wie Vorurteil und Persönlichkeit den sonst hellsehenden Mann bis zu dem augenfälligsten Selbstwiderspruch verblenden konnten."[376]

Über die Frage, ob die Kinder bei der Taufe glauben, äußert sich Luther in seiner Predigt über Matth. 8, 1–13 klar und bestimmt: „Darum sagen wir hier also zu und schließen, daß die Kinder in der Taufe selbst glauben, eigenen Glauben haben."[377] Doch diese Behauptung widerspricht in erster Linie dem gesunden Menschenverstand und fußt zweitens nicht auf biblischem Grunde, sondern ist den Lehren derselben direkt entgegen. Wir möchten uns doch bei dieser Gelegenheit die Frage erlauben: Wie kann ein Kind von acht Tagen oder einigen Wochen, dem doch jegliches Selbstbewußtsein und jede Selbsterkenntnis fehlt und bei dem auch von keiner Willensbeteiligung gesprochen werden kann, einen Glauben entfalten? Das ist einfach unmöglich! Die Schrift sagt klar: „So kommt der Glaube aus der Predigt, das Predigen aber durch das Wort Gottes." Und mit dem Apostel fragen wir: „Wie sollen sie aber glauben, von dem sie noch nicht gehört haben?".[378]

Wir haben schon oben aufs klarste nachgewiesen, daß Luther wie auch Melanchthon den Glauben als Vorbedingung der Taufe machten; ohne den Glauben sei die Taufe eine unnütze Zeremonie, ja sie sei nicht einmal eine wahre Taufe. Luther hat sich besonders Mühe gegeben nachzuweisen — wenn auch im gänzlichen Widerspruch mit der Lehre des Evangeliums — daß auch die Kinder Glauben hätten. Nun lese man aber folgende merkwürdigen Sätze: „Wir sagen weiter, daß uns nicht die größte Macht daran liegt, ob, der da getauft wird, glaube oder nicht glaube, denn darum wird die Taufe nicht unrecht; sondern an Gottes Wort und Gebot liegt es alles. Das ist nun wohl ein wenig scharf, stehet aber gar darauf, daß ich gesagt habe, daß die Taufe nicht anders ist denn Wasser und Gottes Wort bei- und miteinander, das ist, wenn das Wort bei dem Wasser ist, so ist die Taufe recht, obschon der Glaube nicht dazu kommt. Denn mein Glaube macht nicht die Taufe, sondern empfähet die Taufe. Nun wird die Taufe davon nicht unrecht, ob sie gleich nicht recht empfangen oder gebraucht wird, als die nicht an unsern Glauben, sondern an das Wort Gottes gebunden ist."[379]

Zu der sich selbst widersprechenden und nicht wenig eigentümlichen Ausführung lassen wir auch hier vorsichtshalber *Dr.* Lange das Urteil fällen: „Es ist fast unglaublich, wie die vielen Widersprüche und Trugschlüsse, die sich hier aneinander reihen, dem sonst scharfsinnigen Manne so ganz entgehen, wie er es übersehen konnte, daß durch diese Sätze nicht allein die Grundlehre der von ihm gestifteten Kirche von dem Nutzen und dem Gebrauche der Sakramente überhaupt im Gegensatz gegen die Lehre der Katholiken wieder untergraben, sondern selbst die Grundfeste alles evangelischen Glaubens erschüttert werde: denn diese ruht ja allein auf der Lehre, daß nur der Glaube rechtfertige und selig mache, und daß alles religiöse Werk, das nicht aus dem Glauben hervorgehe, nur ein *opus operatum* sei." „Nicht bloß der Augsburgischen Konfession wird von Luther auf die unbegreiflichste Weise widersprochen; er ist mit seiner eigenen früheren Lehre von der Taufe in einem noch unbegreiflicheren Widerspruch. Hier sagt er, es komme nicht wesentlich darauf an, ob der, welcher getauft werde, glaube oder nicht; die Taufe sei eine wahre Taufe, auch wenn der Glaube nicht dazu komme; oben hatte er gelehrt, der Glaube allein mache den Menschen würdig des heilsamen Gebrauches des Taufwassers; der Mensch müsse aus voller Überzeugung glauben (*ex animo credere*), daß ihm dieses Heil durch das Wort und das Wasser dargeboten werde; ohne den Glauben sei die Taufe nichts nütze, und was nicht auf den Glauben sich gründe, könne zur Erlangung des Heils nichts beitragen. — Wie ist es möglich, solche Widersprüche zu vereinbaren? Entweder ist die Grundlehre unserer symbolischen Bücher vom Nutzen und Gebrauche der Sakramente überhaupt, wie der Taufe insbesondere, falsch, oder die Kindertaufe ist ein Gebrauch, der geradezu die Grundfeste unserer kirchlichen Lehre vom Glauben und dem Gebrauche der Sakramente im Glauben rein aufhebt. Ein Drittes gibt es zwischen zwei absoluten Gegensätzen nicht."

„In der Tat, wir würden diejenigen zu beleidigen, ihrer zu spotten glauben (und dazu gäbe ein so ernster Gegenstand uns keine Veranlassung!), welche in der Lehre unserer symbolischen Bücher die authentische Erklärung der Schriftlehre zu finden wähnen, wenn wir sie auffordern sollten, diesen absoluten Widerspruch zu lösen. Möge man einer der jetzt in unserer Kirche bestehenden verschiedenen Parteien angehören, welcher man wolle, möge man Mystiker, Rationalist, Supranaturalist sein: darin müssen doch alle nach dem unumstößlichen Vernunftgesetze übereinstimmen, daß aller Selbstwiderspruch vernunftwidrig sei, mithin aufgegeben werden müsse. Und so hoffen wir zuvörderst durch die Darstellung der Lehren unserer symbolischen Bücher von den Sakramenten, der

Taufe und der Kindertaufe, insbesondere in ihrem gegenseitigen Verhältnisse, dargetan zu haben, daß diese Lehren einen augenscheinlichen Selbstwiderspruch enthalten, mithin in dieser Hinsicht vernunftwidrig sind und berichtigt werden müssen."[380]

In bezug auf die Wiedergeburt wird behauptet, daß sie durch die Taufe in den Kindern zustande käme. Wir überlassen es jedem selbst, sich einmal bei den Kindern zu erkundigen, wieviel sie von einer „Wiedergeburt" nach Empfang ihrer Taufe vernommen haben, oder es könnte ja in diesem Falle mancher Leser auch seine eigene Erfahrung zu Rate ziehen. Im N. Testament findet sich für eine derartige Idee kein Beweisgrund vor. Im Gegenteil, wir finden Stellen, die klar darlegen, daß Gott selbst durch Christum der einzige Urheber unserer Wiedergeburt ist; und daß dieselbe durch den Geist und das Wort Gottes in uns bewirkt wird und das nur, wenn unsere persönliche Willensbeteiligung und unser Bewußtsein vermittelt.[381] Wir fußen allein auf der Schrift, wenn wir hier behaupten, daß eine Wiedergeburt nur da eintreten kann, wo der Glaube vorhanden ist. Sie ist nicht etwas, das man sich durch Geld oder durch ein magisches Zaubermittel aneignen kann, auch kann sie keinem unbewußt angehängt werden, sondern sie muß von jedem, der ein „Christ" werden will, mit klarem Bewußtsein durchlebt werden. Nur wer auf diese Weise wiedergeboren ist, wird imstande sein, ein Zeugnis abzulegen, „von dem, was Gott an ihm getan". So kann bei Säuglingen, denen man das Evangelium eben noch nicht predigen kann, weder von dem Vorhandensein des Glaubens noch der Wiedergeburt, welche allein durch den Geist und das Wort Gottes in uns bewirkt wird, eine Rede sein. Wir lehnen deshalb das durch und durch unbiblische Dogma von der Wiedergeburt in der Kindertaufe entschieden ab.

In neuerer Zeit sind viele Dogmatiker in diesem Punkte anderer, der bisherigen Lehre der Kirche gerade entgegengesetzter Ansicht geworden. Einen schweren aber berechtigten Vorwurf gegen die Kirche erhebt in dieser Frage *Dr.* Gmelin, Pfarrer in Großaltdorf, dem, wie er selbst sagt, nur seine heilige Gewissenspflicht dazu die Berechtigung gab. Da seine Ausführung sehr treffend ist, so geben wir sie nachfolgend wortgetreu an: „Die dem Evangelium gemäß geistlich sittlichen Mittel werden in unserer Kirche durch andere, magische, und so nicht sittliche Mittel in den Hintergrund gedrängt. Zum Beweis dürfen wir nur auf die Rolle hinweisen, die neben dem Wort als dem geistlich-sittlichen Mittel die Sakramente auch in unserer Kirche spielen, und die Wirkung, die ihnen auch bei rein äußerlicher Anwendung noch bei uns, und zwar offiziell wie tatsächlich zugeschrieben wird. Für die Erziehung kommt hier zumal die Taufe, und zwar als Kindertaufe in Betracht. Ist doch nicht bloß tatsächlich die Meinung viel verbreitet, sondern wird auch durch die Lehre der Kirche extra genährt und gestützt, als wirke schon der rein äußerliche, willenlose und unbewußte Empfang der Taufe etwas von geistiger Wiedergeburt, mache den Menschen zu einem wirklichen Glied der christlichen Kirche oder, was doch dasselbe sein muß, zu einem Jünger Jesu Christi. Was heißt das aber anders, als daß der Mensch auch ohne sein Zutun, magisch d. h. durch ein sittlich nicht vermitteltes Zaubermittel, über das er nicht verfügen, dem er auch nicht widerstehen kann, zu einem Christusjünger und so, nach der Lehre der Kirche, selig gemacht werden könne? Eine Anschauung, die ihren folgerichtigen Ausdruck in der horribeln Lehre findet, daß die ungetauft sterbenden Kinder an einen andern Ort kommen als die getauften, daß sie, wenn auch nicht gerade zu der Verdammnis, doch einer geringeren Seligkeit teilhaftig werden als jene gleichschuldigen wie gleichunschuldigen getauften. Daß hier nicht nur jede evangelische Anschauung, sondern auch jeder sittliche Begriff überhaupt aufhört, muß jeder sehen..... Wir finden im Evangelium Jesu Christi nirgends eine Spur, die zu einer solchen Auffassung von dem Weg, ein Jünger Christi und so selig zu werden, ein Recht gebe."[382]

Auf der siebenten Landessynode in Württemberg, welche 1907 in Stuttgart tagte, fand dieser berechtigte Einwand *Dr.* Gmelins eine teilweise Berücksichtigung. So wurde z. B. Frage und Antwort 9 im Konfirmationsbüchlein ausgeschieden, da, wie man selbst zugeben mußte, „die exegetische Begründung unhaltbar ist".[383] Einen näheren Grund über das Ausscheiden der betreffenden Frage und Antwort gibt Stadtpfarrer A. Plieninger aus Stuttgart in seiner Besprechung über das neue Konfirmationsbüchlein: „Ferner", schreibt er, „waren Unrichtigkeiten zu beseitigen, die wir Pfarrer jedesmal erst zurechtstellen mußten. So ist Frage und Antwort 9 beseitigt, weil die dort angeführte Bibelstelle (1. Petri 3, 21) nicht bloß einen anderen Sinn hat als in Luthers Übersetzung (nämlich „eine Gottesanrufung mit gutem Gewissen" oder „Gebet an Gott um ein gutes Gewissen"), sondern auch, so oder so, auf die Kindertaufe nicht paßt, denn ein Kindlein von ein paar Wochen oder Monaten kann weder „einen Bund mit Gott" schließen noch „Gott anrufen".[384] Auch Pastor Ernst Bunke weist in seiner zum Teil trefflichen Schrift „Der Lehrstreit über die Kindertaufe" klar nach, daß die Kindertaufe, weil ohne Glauben der Kinder, nicht die Wiedergeburt wirkt.

Diesen einstimmigen Urteilen fügen wir noch ein weiteres von Pfarrer H. Lange hinzu: „Für den Unbefangenen kann es keine Frage sein, daß die Beschreibung der Taufe, wie sie im N. Testament vorkommt, im strengen Sinn auf unmündige Kinder nicht anwendbar ist. Die Taufe war dort daß Zeichen der wirklich eingetretenen Bekehrung. Mit der Einführung der

Kindertaufe hat dieses biblische Verhältnis von der Taufe und Wiedergeburt eine nicht abzuleugnende Veränderung erlitten. Denn beim unmündigen Kinde kann selbstverständlich von Buße und Glauben keine Rede sein. Die Annahme lutherischer Dogmatiker, daß der hl. Geist in der Taufe im Herzen des Kindes auf irgend eine Weise tätig sei, ist bare Phantasterei. Nicht weniger phantastisch, auf einer Natur und Geist trübe vermischenden Theosophie beruhend, ist die Ansicht einiger Dogmatiker, welche durch den Taufakt dem Kinde die Wiedergeburt im Keim realiter (wirklich) mitgeteilt werden läßt — Behauptungen, bei denen sich lediglich nichts denken läßt, die auch in der religiösen Erfahrung nicht den geringsten Anknüpfungspunkt finden. Daher kann bei der jetzt in den meisten Teilen der christlichen Kirche üblichen Kindertaufe von einem Vorhandensein der Wiedergeburt keine Rede sein."[385]

Die Entstehung und Geschichte der Kindertaufe.

Die Schreiber des N. Testaments wissen, wie wir im Laufe unserer Untersuchung klar nachgewiesen haben, nichts von einer Kindertaufe. Wir gehen nun zu den Kirchenvätern und Apologeten der nachapostolischen Zeit, und wir werden in ihren Schriften bald finden, wann die Kindertaufe ihren Anfang nahm. Die Vertreter der Kindertaufe sind natürlich auch hier bemüht, so früh als möglich Zeugnisse für die Aufrechterhaltung ihrer Theorie zu finden. Sie schnitzen aus jeglichem Holz Pfeile für ihre Sache. So will man z. B. schon aus einer Äußerung Justins des Märtyrers (gest. 166) einen Beweis für das Vorhandensein der Kindertaufe gefunden haben.[386] Die Worte Justins lauten: „Es sind gar viele, sowohl männlichen als weiblichen Geschlechts, die von Kindheit auf in der Lehre Christi unterwiesen worden, verblieben mit ihren sechzig, siebzig Jahren noch unversehrt, und rühmend gelobe ich, unter jedem Stande solche aufzuweisen."[387] Wie wenig diese Worte Justins mit der Kindertaufe zu tun haben, soll uns vorsichtshalber *Dr. Steitz* sagen: „Justins Erwähnung solcher, welche von Kindheit auf Christi Jünger geworden seien, bezeugt nur, daß man schon Kinder im Christentum unterwies; sie verbürgt daher schon das Bestehen des Katechumenats, nicht aber der Kindertaufe."[388] Aber Justin selbst gibt uns in seiner ersten Apologie, in der er eine ausführliche Beschreibung von den gottesdienstlichen Handlungen der Christen liefert, den unwiderlegbaren Beweis dafür, daß die Kindertaufe zu seiner Zeit noch kein kirchlicher Brauch war. Er schreibt nämlich: „Alle jene, die zur Überzeugung gekommen sind und glauben, daß das wahr ist, was von uns gelehrt und gesagt wird, und die angeloben, daß sie es vermögen, so zu leben, werden angeleitet zu beten und unter Fasten von Gott die Vergebung ihrer vorhin begangenen Sünden zu erflehen; dabei beten und fasten wir mit ihnen. Hierauf werden sie von uns hingeführt, wo Wasser ist und werden in jener Art und Weise wiedergeboren, wie auch wir selbst wiedergeboren worden sind."[389] Nach Justins eigener Erklärung wurden also nur solche getauft, die da „glaubten" und die aus „eigener Überzeugung" die Lehre des Evangeliums annahmen und versprachen, ein demselben gemäßes Leben zu führen. Bei einem Kinde aber, bei dem jede persönliche Willensbeteiligung fehlt, kann dies doch nicht der Fall sein. Semisch, der Biograph Justins, sagt mit Recht: „So oft Justin der Taufe gedenkt, erscheinen Erwachsene als Objekte, an welchen die heilige Handlung vollzogen wird. Eine Kindertaufe kennt er noch nicht. Die Spuren von derselben, welche man in seinen Schriften zu entdecken geglaubt hat, sind grundlos geträumte, künstlich erzeugte."[390]

Irenäus, Bischof zu Lyon (gest. 202), wird von vielen als Zeuge für das Vorhandensein der Kindertaufe in seinen Tagen angeführt. Der Ausspruch des Irenäus, dem man dies entnehmen will, lautet: „Er kam, alle durch sich selbst zu erlösen, alle, welche durch ihn, in Beziehung auf Gott, wiedergeboren werden: die ganz unmündigen Kinder, die Kleinen, die Knaben, die Jünglinge und die Bejahrteren. Deshalb ging er jedes Alter durch, und er wurde den Kindern ein Kind, die Kinder heiligend, unter den Kleinen ein Kleiner, die in diesem Alter sich Befindenden heiligend, und zugleich wurde er ihnen ein Beispiel der Frömmigkeit, des Rechttuns und des Gehorsams, unter den Jünglingen ein Jüngling, indem er ihnen ein Beispiel wurde und sie dem Herrn heiligte."[391]

Wie man nun in diesen Worten Irenäus' etwas zugunsten der Kindertaufe finden will, ist nicht zu ersehen. Denn es findet sich hier ja auch nicht die leiseste Hindeutung auf eine Kindertaufe. Irenäus sagt doch nicht, daß Christus gekommen sei, alle durch die Taufe zu erlösen, auch nicht, daß die unmündigen Kinder durch die Taufe wiedergeboren werden, sondern er sagt: Christus kam, um die Kleinen wie auch die Großen durch sich selbst zu erlösen, alle sollen durch ihn zu Gott wiedergeboren werden. Er ging jedes Lebensalter durch, um jedem ein Beispiel der Frömmigkeit und des Gehorsams zu sein. Er ist der, der in allen Lagen unseres Lebens mit uns Menschenkindern mitfühlen kann, „denn darinnen er gelitten hat und versucht ist, kann er helfen denen, die versucht werden".[392] Übrigens bringt Irenäus diesen Gedanken in mehreren anderen Stellen seiner Schriften zum Ausdruck. So sagt er zum Beispiel: „Unser Herr brachte den Menschen wieder in Verbindung mit Gott durch seine Menschwerdung." Ferner schreibt er: „Indem der Sohn Gottes ein Mensch unter Menschen wurde, hat er das Menschengeschlecht von neuem geschaffen. Wie können wir an der Kindschaft teilhaben, außer wenn wir durch den Sohn die Gemeinschaft mit Gott wiederempfangen — wenn sein Wort, das Fleisch geworden, diese Gemeinschaft uns mitteilt? Daher ging er auch durch jedes Lebensalter, alle zur Gemeinschaft Gottes zurückzuführen."[393] Münscher macht zu dem zuerst angeführten Ausspruch des Irenäus folgende berechtigte Bemerkung, der wir nur beipflichten können, denn sie ist auf Grund der Sprache des Kirchenvaters allein zulässig: „Aus der Stelle ist sichtbar, daß Irenäus von solchen Kindern redet, die schon Beispiele der Frömmigkeit erkennen und benutzen können."[394] Und der schweizerische Theologe Hagenbach schreibt: „Die früheste patristische Stelle des Irenäus (*adv. haer. II.* 22) ist nicht absolut beweisend [für die Kindertaufe], sie drückt bloß die schöne Idee aus, daß Jesus auf jeder Altersstufe für jede Altersstufe Erlöser gewesen; daß er es aber für die Kinder durch das Taufwasser geworden, sagt sie nicht."[395]

Die Idee, auch kleine Kinder zu taufen, kam erst zur Zeit Tertullians (gest. 230) auf. Er ist auch der erste, der ausdrücklich die Kindertaufe erwähnt, sie aber auch entschieden als eine Neuerung bekämpft. Er führt darüber aus: „Mögen die Kinder kommen, wenn sie herangewachsen sind; sie sollen auch kommen, wenn sie gelernt haben, wenn sie darüber belehrt sind, wohin sie gehen sollen; sie mögen Christen werden, sobald sie imstande sind, Christum zu kennen. Aus welchem Grunde hat das Alter der Unschuld es so eilig mit der Nachlassung der Sünden? Will man etwa in zeitlichen Dingen mit mehr Vorsicht verfahren und die göttlichen Güter einem anvertrauen, dem man irdische noch nicht anvertraut? Sie mögen lernen, um ihr Seelenheil bitten, damit es den Anschein gewinne, daß man nur einem Bittenden gegeben habe."[396]

In diesen Worten Tertullians muß für jedermann ein unwiderlegbarer Beweis dafür liegen, daß die Kindertaufe zu seiner Zeit noch nicht als apostolische Sitte galt, denn sonst hätte er es nie gewagt, sie so kühn und scharf zu bekämpfen. Dies müssen selbst Verteidiger der Kindertaufe zugeben. So schreibt z. B. Neander: „In den späteren Jahren des 2. Jahrh. erscheint Tertullian als eifriger Gegner der Kindertaufe, ein Beweis, daß dieselbe damals noch nicht als apostolische Einsetzung angesehen zu werden pflegte, denn sonst würde er schwerlich gewagt haben, so stark dagegen zu reden."[397] Dasselbe Zugeständnis macht auch Ruperti.

[398] Und Benema sagt: „Tertullian rät ab von der Kindertaufe, welches er nicht würde getan haben, wenn es eine Überlieferung und ein herrschender Gebrauch der Kirche gewesen wäre, indem er sehr an Überlieferung hing; auch würde er, wäre es eine solche gewesen, nicht ermangelt haben, dies zu erwähnen. Daher schließe ich," fügt er hinzu, „daß der Gebrauch der Kindertaufe vor den Zeiten Tertullians nicht erwiesen werden kann, und daß es Personen zu seiner Zeit gab, die ihre Kinder getauft zu sehen wünschten, welcher Meinung Tertullian sich widersetzte."[399]

Es ist eine geschichtliche Tatsache, daß es zur Zeit Tertullians solche gab, welche die Notwendigkeit der Kindertaufe in der Theorie aufrechthielten; es kam aber nicht dahin, sie auch wirklich in der Praxis auszuüben. Dieser Meinung ist auch Neander.[400]

Bald aber, nachdem die warnende Stimme Tertullians in der Christenheit verhallt war, blieb die Idee der Kindertaufe nicht mehr lange eine theoretische Frage sondern bürgerte sich immer mehr ein, und man sprach bald von ihr als von einer kirchlichen Observanz, die in göttlicher Institution und apostolischer Tradition ihren Grund habe. Dies war z. B. in der Mitte des 3. Jahrh. in den Tagen Cyprians schon in der nordafrikanischen sowie auch in der alexandrinischen Kirche der Fall.

Was nun der eigentliche Grund zur Einführung der Kindertaufe war, entnehmen wir den Schriften des Cyprian und Origenes. Ersterer ist der Ansicht, daß die neugeborenen Kinder durch die fleischliche Abkunft von Adam die Ansteckung des Todes mit auf die Welt gebracht haben. Letzterer sieht in der Geburt überhaupt schon etwas Befleckendes, und beide sind der Meinung, daß diese Befleckung allein durch die Taufe hinweggenommen werden könnte.[401] Ja man sprach in vollem Ernst davon, daß

„Kinder, die da ungetauft sterben, können nicht ins Himmelreich kommen".[402] Man gab sich eben dem abergläubischen Wahne hin, daß die Taufe den Menschen von jeglicher anklebenden Sündenschuld befreie und von den drohenden ewigen Strafen errette. Neander schreibt dazu noch: „Indem die Idee von den magischen Wirkungen der Sakramente immer mehr Einfluß erhielt, entwickelte sich daraus die Theorie von der unbedingten Notwendigkeit der Kindertaufe. Um die Mitte des 3. Jahrh. war dies in der nordafrikanischen Kirche schon allgemein angenommen."[403] Und der gelehrte Geschichtschreiber und Kritiker Claudius Salmasius führt aus: „Es herrschte die Meinung, daß keiner selig werden könne, der nicht getauft wäre; daher entstand dann der Gebrauch der Kindertaufe."[404]

Es ist unzweifelhaft gewiß, daß uns das erste sichere Zeugnis über das Vorhandensein der Kindertaufe in der christlichen Kirche Cyprian gibt, also in der ersten Hälfte des 3. Jahrh. Zu seiner Zeit handelte es sich nicht mehr darum, ob Kinder christlicher Eltern getauft werden dürfen und sollen, — damit war man einverstanden — sondern es war nur noch die Frage, ob sie bald nach der Geburt oder erst acht Tage nach derselben, dem Vorbilde der Beschneidung gemäß, getauft werden sollten. Das letztere war die Meinung des Bischofs Fidus, welcher dem Konzil zu Karthago im Jahre 252 eine Frage darüber vorlegte. Cyprian antwortete darauf im Namen der bei diesem Konzil versammelten 66 Bischöfe. „Seine Antwort zeigt uns," schreibt Neander, „wie er voll war von jener oben entwickelten großen christlichen, der Kindertaufe zu Grunde liegenden Idee, wie er aber durch jenen Geist der Veräußerlichung manches Irrtümliche damit zu vermischen sich verleiten ließ."[405] Cyprian erklärt sich gegen die willkürliche Grenzbestimmung des Fidus, indem er sagt:

„Keiner von uns konnte mit deiner Meinung übereinstimmen; wir alle urteilen vielmehr, daß keinem Menschen, sobald er geboren worden, die Barmherzigkeit und Gnade Gottes versagt werden müsse; denn da der Herr in seinem Evangelium sagt: „Des Menschen Sohn ist nicht gekommen, der Menschen Seelen zu verderben, sondern zu erhalten", (Luk. 9, 56) so muß, soviel an uns ist, womöglich keine Seele verloren gehen." „Was du gesagt hast, daß die Berührung des Kindes in den ersten Tagen seiner Geburt nicht rein sei, und daß jeder von uns sich noch scheue, ein solches zu küssen, auch dieses darf, wie wir meinen, kein Hindernis sein für die Verleihung der himmlischen Gnade, denn es ist geschrieben: „Alles ist dem Reinen rein;" und keiner von uns darf einen Ekel haben vor dem, was Gott zu schaffen gewürdigt hat. Wenn auch das Kind eben geboren ist, so ist es doch nicht so, daß jemand einen Ekel haben dürfte, es bei der Erteilung der Gnade und der Erteilung des Friedensgrußes (der Bruderkuß, der als Zeichen der Gemeinschaft des Friedens im Herrn den Neugetauften erteilt wurde) zu küssen." „Wenn übrigens etwas die Menschen an der Erlangung der Gnade hindern könnte, so könnten vielmehr die Erwachsenen durch die schweren Sünden gehindert werden. Wenn aber auch den schwersten Sündern, welche vorher viel gegen Gott gesündigt haben, nachdem sie zum Glauben gelangt sind, die Vergebung der Sünden verliehen und von der Taufe und der Gnade keiner zurückgehalten wird, um wieviel mehr darf das Kind nicht zurückgehalten werden, welches, neugeboren, nicht gesündigt, sondern durch die fleischliche Abkunft von Adam die Ansteckung des alten Todes mitgebracht hat, welches desto leichter zur Erlangung der Sündenvergebung kommt, weil ihm nicht eigene, sondern fremde Sünden vergeben werden?"[406]

Origenes, der große Kirchenlehrer von Alexandrien, ein

Zeitgenosse Cyprians, spricht mehrmals von der Kindertaufe als einer kirchlichen und von den Aposteln her überlieferten Sitte. Es sind drei Stellen bei Origenes, die ausdrücklich vom Vorhandensein und der Berechtigung der Kindertaufe handeln. Wir setzen dieselben hierher, und zwar in der Übersetzung von Pfarrer Stöber.[407] Die Aussprüche des Origenes lauten: „Gemäß der kirchlichen Regel wird auch den Kindlein die Taufe gespendet."[408] „Niemand ist rein von Befleckung, sei auch sein Leben auf Erden nur eines einzigen Tages lang. Und weil durch das Taufsakrament die angeborene Beflecktheit abgewaschen wird, darum werden auch die Kindlein getauft."[409] Und endlich kommt Origenes zu der kühnen Behauptung: „Von den Aposteln her hat die Kirche die Überlieferung empfangen, daß auch den Kindlein die Taufe zu spenden sei."[410]

Wie nun diese willkürliche und unberechtigte Behauptung dieses Kirchenvaters aufzunehmen ist, soll uns Neander sagen: „Origenes, in dessen System die Kindertaufe sehr gut Platz fand, erklärt sie für apostolische Überlieferung, welche Aussage übrigens in diesem Zeitalter nicht viel bedeuten kann, da man so sehr geneigt war, Einrichtungen, die man für besonders wichtig hielt, von den Aposteln abzuleiten, und da schon so manche, den freien Blick hemmende Scheidewand zwischen diesem und dem apostolischen Zeitalter in der Mitte stand."[411] Ebenso Münscher: „Die Versicherung des Origenes, daß die Kindertaufe von der apostolischen Tradition herrühre, möchte ich eben nicht für ein historisch gültiges Zeugnis ansehen. Denn es war damals gar zu gewöhnlich, daß jede Kirche ihre Einrichtungen auf die Apostel zurückführte, um sie dadurch zu bestätigen und ehrwürdiger zu machen."[412] Und *Dr.* Riehm führt aus: „Daß die schon von Origenes auf apostolische Tradition zurückgeführte Kindertaufe wirklich in der apostolischen

Zeit üblich war oder wenigstens vorgekommen ist, läßt sich aus dem N. Testament nicht beweisen."[413]

Daß die Säuglingstaufe nicht vor der Mitte des 3. Jahrh. eingeführt wurde, bezeugt auch Hippolytus, der um diese Zeit schreibt: „Wir haben nie die Taufe von Kindern verteidigt, welche erst in einigen Gegenden anfing, angewandt zu werden."[414]

Curcellaeus, ein berühmter Theologe und Professor zu Genf, sagt: „Der Gebrauch der Kindertaufe begann nicht vor dem 3. Jahrh. nach Christo. In den früheren Jahrhunderten ist keine Spur davon zu finden, — und sie ward ohne den Befehl Christi eingeführt."[415] Auch Bunsen, einer der größten Gelehrten der Neuzeit, bezeugt: „Die Kindertaufe im Sinne der neueren Zeit, nämlich die Taufe neugeborener Kinder mit stellvertretenden Gelübden von Eltern und andern Taufzeugen, war unter den Christengemeinden der ersten Zeit etwas völlig Unbekanntes, nicht nur bis zu Ende des 2. sondern in der Tat bis in die Mitte des 3. Jahrh."[416] Und die „Kirchengeschichte des christlichen Vereins im nordischen Deutschland" gibt zu, daß „Christus die Kindertaufe nicht eingesetzt habe", und macht das Zugeständnis, daß dieselbe nur eine von „Menschen erfundene Zeremonie" sei.[417] Wir haben nun eine ganze Kette von historischen Zeugnissen, durch die wir unwiderlegbar nachgewiesen haben, daß die Kindertaufe erst zur Zeit, als Cyprian in Karthago das Episkopat innehatte, eingeführt wurde. Die Kindertaufe hat somit, wie fast alle kirchlichen Neuerungen und Irrtümer, Afrika als Heimat.

Überschreiten wir das 3. Jahrh., so finden wir, daß die Kindertaufe schon eine ziemlich weit verbreitete Sitte war, doch forderten manche Kirchenväter ein bestimmtes Alter. So will Gregorius v. Nazianz in den Fällen, wo keine dringende Gefahr vorhanden ist, ein etwa dreijähriges Alter der Kinder abgewartet wissen, damit „sie", wie er sagt, „etwas bei der Taufe fühlen und antworten können, wenn sie es auch nicht vollkommen verstehen".[418]

Der ununterbrochene Streit aber und die Verhandlungen vieler Synoden über diesen Punkt beweisen, daß es an Saumseligkeit, ja sogar an heftigem Widerspruch gegen diesen Brauch nicht fehlte. Als gegnerische Parteien wären hier zu erwähnen die Pelagianer, die Bongomilen, die Arnoldisten sowie die Petrobrusianer und die sich ihnen anschließenden Henricianer in Südfrankreich und Oberitalien.[419] Gegen die ersteren schreibt z. B. die Generalsynode zu Karthago im Jahre 418, auf der nicht weniger als 200 Bischöfe aus allen Teilen Afrikas und Spaniens zugegen waren, Kanon 2: „Wer sagt, die neugeborenen Kinder brauche man nicht zu taufen...., der sei Anathema."[420] Dasselbe wurde ein Jahr später am 25. Mai, ebenfalls in Karthago, auf einem Konzil wiederholt.[421] Die Bongomilen vom 10. bis 12. Jahrh., die sich unter der allgemeinen Verwirrung dieses Jahrhunderts aus Griechenland nach Italien, Südfrankreich, den Niederlanden, nach Deutschland, Österreich und anderen Ländern verbreiteten, behaupteten: „Die Kindertaufe sei unnütz, weil die Kinder keines Glaubens, keines Vorsatzes der Besserung, keiner Aufnahme des hl. Geistes fähig seien, daher sich auch keine Wirkung davon im Leben der Menschen offenbare."[422] Die Arnoldisten drangen „auf wahrhafte Sinnesänderung, behaupteten, daß die bloß äußerliche Taufe an und für sich dem Menschen unnütz sei, wenn nicht damit verbunden wäre die allein wesentliche Taufe des hl. Geistes, welche die wahrhaft gläubige Seele vom Bösen reinige und heilige."[423] Von Peter von Bruys, der im 12. Jahrh. in Südfrankreich als Priester wirkte, schreibt Schröckh: „Er behauptete zuerst, daß Kinder, welche den Gebrauch ihres Verstandes noch nicht hätten, durch die Taufe nicht selig werden könnten; daß ihnen auch ein fremder Glaube nichts helfe, weil der Erlöser von denen eigenen Glauben gefordert habe, welche getauft und selig werden sollten."[424] Peter von Bruys will nicht den ungetauften Kindern die Seligkeit absprechen, sondern er will beweisen, daß dem Evangelium gemäß nur Erwachsene, die glauben, getauft werden sollten. Neander schreibt von ihm: „Peter von Bruys wollte eine christliche Taufe nur dann anerkennen, wo das dazu notwendige Erfordernis des Glaubens vorhanden war. Er betrachtete daher die Kindertaufe als eine nichtige, und alle, welche in die von ihm gestiftete Gemeinschaft eintreten wollten, mußten sich von neuem durch die Taufe darin aufnehmen lassen. Die Wassertaufe könne, so lehrte er, wo kein Glaube vorhanden sei, nur den Leib, nicht die Seele reinigen. Wenn seine Anhänger von ihren Gegnern Wiedertäufer genannt wurden, so glaubten sie diesen Namen mit Recht zurückweisen zu können, da von einer Wiederholung der Taufe nicht die Rede sein könne, wo keine wahre Taufe vorhergegangen sei. Wir, sagten sie, erwarten die rechte Zeit für den Glauben, und wenn der Mensch bereit ist, seinen Gott zu erkennen und an ihn zu glauben, so vollziehen wir an einem solchen nicht, wie ihr uns beschuldigt, eine Wiedertaufe, sondern wir taufen ihn, weil er noch nicht mit der Taufe, durch die man von Sünden gereinigt wird, getauft worden ist."[425]

Es ist noch beachtenswert, daß, trotzdem in der herrschenden Kirche die Kindertaufe allgemein gebilligt und ausgeübt wurde, sich doch Beispiele dafür vorfinden, daß noch Jahrhunderte nach Entstehen der Kindertaufe fromme Eltern, ja sogar Bischöfe ihre Kinder im reiferen Alter erst taufen ließen. Dr. Rietschel schreibt darüber: „Gregor von Nazianz und Basilius wurden erst nach Vollendung ihrer weltlichen Bildung getauft, obgleich jener Sohn eines

Bischofs, dieser Sohn frommer Eltern war. Auch Chrysostomus und Hieronymus, die aus christlicher Familie stammten, wurden als Erwachsene getauft. Ambrosius und Nektarius empfingen erst nach ihrer Wahl zum Bischof die Taufe. Als Augustin in seiner Jugend todkrank wurde, ließ ihn seine Mutter Monica nicht taufen, sondern ihm nur die Katechumenatsweihe geben."[426] Augustin erwähnt dies in seinem ersten Buch, Kap. 11.

Im Mittelalter findet man kirchliche Verordnungen vor, woraus zu ersehen ist, daß Eltern bei Unterlassung der Kindertaufe streng bestraft wurden. Eine englische Synode von 691 (oder 692) Kanon 2, schreibt z. B. vor: „Ein Kind muß innerhalb dreißig Tagen nach seiner Geburt bei Strafe von 30 Solidi getauft werden. Stirbt es (nach 30 Tagen) ungetauft, so wird es gesühnt mit dem ganzen Vermögen der Eltern."[427] Und die Synode von Paderborn 785 beschließt, Kanon 19: „Jeder muß sein Kind innerhalb eines Jahres taufen lassen, bei Strafe."[428] Namentlich werden auch die Priester dafür verantwortlich gemacht, daß keine Kinder ungetauft sterben.[429]

Hat man im Altertum nur geborene Menschen getauft, so finden sich seit dem 13. Jahrh. auch Spuren dafür vor, daß man bei vorhandener Lebensgefahr die Kinder im Mutterleibe taufte. Einige Kirchenlehrer wie Augustin und auch Thomas von Aquino erklärten sich gegen diese Sitte. Luther sprach sich mit Ernst dagegen aus, Kinder eher zu taufen, als bis sie vollständig geboren sind.[430] Die Art und Weise, wie diese Taufe vor sich ging, zu beschreiben, sind wir an dieser Stelle, da diese Dinge schon in das Bereich des allzu Menschlichen gehören, und derartige Beschreibungen ihren Zweck auch viel besser in der „Moraltheologie" Roms erfüllen, genötigt, mit Stillschweigen zu übergehen.[431]

Aber alle diese Mittel schienen der Kirche noch nicht den erwünschten Erfolg gebracht zu haben. Man ließ sich deshalb zu Handlungen verleiten, welche dem Wesen des Christentums schroff zuwider waren. So wurden z. B. Kinder mit List oder mit Gewalt den Eltern weggenommen, um ihnen die Taufe zu erteilen. Ein Beispiel darüber findet sich bei Scotus in seinem Kommentar über Lombards viertes Buch vor. Scotus, der einer der scharfsinnigsten Denker unter den Scholastikern war, schreibt, „daß ein Fürst, der mit einer gewissen Behutsamkeit die Kinder der Juden und Ungläubigen wider den Willen ihrer Eltern taufen lasse, daran sehr wohl tue, weil Gott an den Kindern ein größeres Recht habe als die Eltern; ja solche Eltern selbst dürften gar wohl durch Drohung zur Taufe gezwungen werden, weil, gesetzt, daß sie auch keine wahren Gläubigen würden, doch ihre Nachkommen, wenn sie eine gute Erziehung erhielten, es werden könnten".[432]

Seit dem 6. und 7. Jahrh. kommen derartige Zwangstaufen recht häufig vor und dies nicht nur an unmündigen Kindern sondern sogar an Erwachsenen. Kaiser Justinian (527–565) verordnete nach Binghams Angabe: „Solche Väter, welche die Taufe noch nicht empfangen hätten, sollten sich samt ihren Weibern und Kindern und allen, die ihnen zugehörten, im Gotteshause einfinden und daselbst ihre Kleinen sogleich taufen lassen, die übrigen aber sollten die Taufe empfangen, sobald sie im Wort Gottes nach den heiligen Büchern wären unterrichtet worden. Wenn aber irgend jemand, um ein öffentliches Amt oder eine öffentliche Würde zu erlangen, oder um Besitzungen erwerben zu können, in unaufrichtiger Absicht die Taufe an sich vollziehen, dabei aber Weib oder Kinder oder Dienstboten oder wer immer seinem Hause oder seiner Verwandtschaft angehöre, im alten Irrtum verharren ließe, dessen Güter sollten in solchem Falle eingezogen und seine Person durch den zuständigen Richter gestraft werden, auch sollte er von jedem Amte im öffentlichen Gemeinwesen ausgeschlossen bleiben."[433] „Der fränkische König Chilperich ließ viele Juden wider ihren Willen und mit Gewalt taufen, und vertrat zuweilen selbst die Taufzeugen- oder Patenstelle. Dasselbe tat der König Sisebut in Ansehung der spanischen Juden."[434] Das Konzil zu Toledo im Jahre 633 erklärt sich gegen diesen Brauch.[435] „Es fehlte auch nicht an Eifer zu gewaltsamer Heidenbekehrung. Der Frankenkönig Dagobert (628–638) zwang nicht bloß die Juden zur Taufe, sondern erließ auf Anraten des hl. Amandus den Befehl, die heidnischen Einwohner von Gent mit Gewalt zu taufen. Dasselbe geschah auf Befehl Karls des Großen in Ansehung der Sachsen. Auch liefert die Geschichte der Einführung des Christentums unter den Bulgaren, Friesen, Thüringern, Skandinaviern u. a., sowohl von seiten der Regenten als der sogenannten Heidenapostel, mehr als ein Beispiel von Aufnötigung der Taufe durch physische Gewalt, durch List und Überredung. Es wurde für verdienstlich gehalten, das Reich und die Herde Christi zu vermehren, wenn auch die Mittel, dies zu bewirken, nicht eben die edelsten und würdigsten sein sollten."[436]

Diese Vorgänge sind der beste Beweis, wie gar bald die Staatskirche den Grundsatz Jesu: „Wer da will, der komme," aus dem Auge verlor. Ist es deshalb zu verwundern, daß die Kirche völlig verweltlichte und den göttlichen Charakter mehr und mehr verlor? Doch gab es Kirchenlehrer und dies besonders im 13. Jahrh., welche zu solchen Zwangsmaßregeln weder rieten noch sie billigten. So äußert sich z. B. Thomas von Aquin nach Schröckhs Angabe in diesem Punkt dahingehend, daß die Kinder der Juden oder anderer Ungläubigen wider den Willen der Eltern nicht getauft werden dürften.[437]

Die Reformation fand die Kindertaufe als einen festen kirchlichen Gebrauch vor und trat gegen die Verteidigung der Erwachsenentaufe mit Entschiedenheit für sie ein.

Zwingli, der mit Grebel, Manz und *Dr.* Balthaser Hubmaier, damals Pfarrer in Waldshut in der Nähe von Zürich, die Gegner der Kindertaufe waren, häufig zusammenkam, hat eine Zeitlang den „Irrtum" eingesehen und war der Meinung, daß es besser sei, die Taufe bis zu „gutem Alter" aufzuschieben, jedoch nahm er bald wieder eine entgegengesetzte Stellung ein und wurde von da ab ein eifriger und fanatischer Verteidiger der Säuglingstaufe.[438] Er schritt sogar, als die öffentlichen Besprechungen mit den Wiedertäufern ihr Wachsen nicht aufhielten, 1525 mit seiner „theokratischen Rücksichtslosigkeit zur Gewalt". „Der Rat verfügte unter Androhung von Landesverweisung die Taufe aller Kinder innerhalb acht Tagen, ließ die Widergesetzlichen einfangen" und verordnete 1526, daß alle Wiedertäufer „ohne Gnade und Barmherzigkeit ersäuft werden".[439]

Die Aufgabe der Reformatoren war sicherlich eine große und edle, und ohne Zweifel waren die Männer von Gott berufen, um der in großer Dunkelheit sich befindenden Menschheit das volle Licht göttlicher Wahrheit zu bringen. Allein sie haben diese ihre hohe Aufgabe nicht ganz erfüllt, da sie mit den vielen Irrlehren und Mißbräuchen Roms nicht völlig aufräumten. Man hätte, „um der Einsetzung Christi wieder näher zu treten", wie *Dr.* Friedrich Schleiermacher sagt, „bei der Reformation die Kindertaufen fahren lassen können".[440] Das Vorurteil und Mißtrauen, mit dem oft die Reformatoren gegen all das, was in irgend einer Weise mit ihrer Auffassung und Lehrbestimmung nicht übereinstimmte, erfüllt waren, veranlaßte sie oft, dies, ohne es einer genauen Prüfung zu unterziehen, zu verwerfen. Man denke hier z. B. an die ungerechte Behandlung von Grebel, Manz, Balthaser Hubmaier und ihrer Glaubensgenossen. Die einfachen Lehren und Heilsanstalten des Evangeliums wurden zu einem Gewebe dogmatischer Spitzfindigkeiten ausgesponnen und durch äußere

Zwangsanstalten, wie die Kindertaufe eine ist, gefesselt. Doch, was die mutigen, im Geiste Gottes kämpfenden Verteidiger der biblischen Wahrheit Großes geleistet haben, erkennen wir herzlich gerne an und sind mit innigem Dank gegen sie selbst und gegen den allweisen Lenker der Weltgeschichte erfüllt. Aber diesen unsern Dank dürfen wir nicht dadurch zum Ausdruck bringen, daß wir sie zur Richtschnur unseres Glaubens machen, sondern wir müssen auch hier den Weg gehen, den uns Gott in seinem Bibelbuch vorschreibt. Sehr richtig und beherzigend sind folgende Worte von Dr. Priestly: „Luther und Calvin reformierten viele Mißbräuche, besonders in der Kirchenzucht, und ebenso verschiedene grobe Verderbnisse in der Lehre; aber sie ließen andere Dinge von weit größerer Bedeutung, gerade wie sie dieselben vorfanden.... Es gereicht ihnen zum großen Verdienst, so weit gegangen zu sein, als sie gingen, und nicht sie, sondern wir sind zu tadeln, wenn ihre Autorität uns am Weitergehen hindert. Wir sollten sie vielmehr nachahmen in der Kühnheit und dem Geiste, womit sie so viele lang geduldete Irrtümer in Frage zogen und berichtigten; und für uns selbst aus ihren Arbeiten Nutzen ziehend, größere Fortschritte machen, als sie imstande waren zu machen. Wir haben wenig Grund, ihren Namen, Autorität und Beispiel anzuführen, wenn sie viel taten und wir durchaus nichts tun. Hierin ahmen wir ihnen nicht nach, sondern denen, welche sich ihnen widersetzten und zuwiderhandelten, indem sie alles so lassen wollten, wie es war."[441]

Aber ebenso wahr und beherzigend sind auch folgende Worte Dr. Gmelins: „Sobald eine Kirche wirklich eine „evangelische" sein will, so darf sie die Zugehörigkeit zu ihr niemals erzwingen und auch nicht durch scheinbare Freiwilligkeit erschleichen wollen, sondern muß es immer dem tatsächlich freien Willen, der eigenen Überzeugung eines jeden überlassen, ob er sich zu ihr bekennen und ihren Bedingungen unterwerfen will. Den Versuch, durch staatliche „Schutzmaßregeln" oder durch gewohnheitsmäßige Zwangseinrichtungen, wie die Kindertaufe eine ist, als Symbol des Eintritts in eine kirchlich-religiöse Genossenschaft, sich eine möglichst große Zahl äußerlicher Glieder zu sichern, können wir immer nur als einen im besten Fall katholisch, im tiefsten aber heidnisch-weltlichen, nie aber einen „evangelischen", dem Evangelium Jesu und seinem ganzen Sinn und Geist entsprechenden, erkennen."[442]

Wir schließen unsere Untersuchung mit der der Tatsache entsprechenden Ausführung von *Dr.* Lange: „Die Geschichte beweist, daß die Kindertaufe in der ältesten Kirche nur ein Erzeugnis des schon frühzeitig überhandnehmenden Aberglaubens von der mystischen, übernatürlich wirkenden Kraft des durch den hl. Geist bewegten Taufwassers und von der Gewalt des Teufels und der Dämonen über die Seelen der Ungetauften war, und daß sie erst durch die Vollendung dieses Aberglaubens allgemein eingeführt wurde. Es fragt sich auch aus diesem Grunde, ob es der evangelischen Kirche würdig und angemessen sei, ein solches Denkmal des altchristlichen Aberglaubens länger zu dulden."[443]

Die Konfirmation.

Die Konfirmation ist eine veränderte Einrichtung der römischen Firmung. In der katholischen Kirche gilt letztere als Sakrament, welche aber Luther bereits 1520 als solches strich und ließ sich nur zu dem Geständnis herbei: „Ich lasse zu, daß man firmle soferne, daß man wisse, daß Gott nichts davon gesagt hat, auch nichts darum wisse, und daß es erlogen sei, was die Bischöfe darinnen vorgeben."[444] Gleich Luther sprechen sich die übrigen Führer der evangelischen Bewegung scharf gegen die römische Firmung aus. Man sah aber doch bald ein, daß, solange man die Kindertaufe beibehielt, eine derartige Einrichtung — wenn auch in einer anderen Gestalt — nötig sei, um die in der Kindertaufe versäumte und unmögliche und doch zur Wirkung der Taufe notwendige Bedingung, nämlich den eigenen Glauben des Täuflings, durch seine freie Willenserklärung nachzuholen.[445] Aus dieser Erkenntnis und Notwendigkeit entwickelte sich allmählich die Konfirmation, die aber erst in der zweiten Hälfte des 17. Jahrh. durch Speners Wirksamkeit völlig in der lutherischen Kirche durchgedrungen ist.

Obwohl die Konfirmation und die Taufe zeitlich weit auseinander liegen, so wird jene doch durch die dogmatische Bedeutung, die darin besteht, daß sie eine „Erneuerung des Taufbundes" ist, mit dieser sehr eng verknüpft. Durch die Konfirmation soll dem Täufling, wie schon oben angedeutet, die Gelegenheit geboten werden, seinen Glauben zu bekunden und ein persönliches

Bekenntnis und Gelübde abzulegen. Der herangewachsene Getaufte erneuert somit am Tage der Konfirmation die früher von seinen Eltern oder Paten in seinem Namen abgelegten Taufgelübde und macht sich von dem Zeitpunkt persönlich dafür verantwortlich. Mit Recht wirft da *Dr.* Lange die Frage auf: „Wozu aber ein solches Surrogat [Ersatzmittel], da nichts im Wege steht, das Sakrament selbst, als wahren Verpflichtungsakt, zweckmäßig, nachdem die Kinder erwachsen und unterrichtet sind, zu vollziehen?"[446]

Die Lehre der alten Kirche ging hierin noch weiter und behauptete: Die Konfirmation verleiht dem Menschen Kraft und Tapferkeit zum neuen Leben und geistlichen Kampfe. [447] Wenn es nun an dem ist, daß die Konfirmation „Kraft zum neuen Leben und geistlichen Kampfe" gibt, so sei uns hier gestattet, einige Fragen, die unserer Meinung nach ernst genug sind, um gründlich geprüft und erörtert zu werden, aufzuwerfen: Wie stimmt nun dies mit der leider zu traurigen Tatsache, daß viele von den am Vormittage in der Kirche konfirmierten Gliedern schon am Abend auf dem Tanzboden, im Wirtshause oder im elterlichen Hause bei berauschenden Getränken zu treffen sind, wobei sie oft des Guten zuviel genießen? Oder sind Zigarren und Tabakspfeife für den Konfirmanden passende Geschenke, die er zum „neuen Leben und geistlichen Kampfe" benötigt, und kann er dadurch Jesu Aufforderung erfüllen: „Lasset euer Licht leuchten vor den Leuten, daß sie eure guten Werke sehen und den Vater im Himmel preisen!"? Und sind derartige Dinge erforderlich, um die Früchte eines neuen und in Gott geheiligten Lebens nach außen hin zu offenbaren? Als Beweis dafür, daß solche Präsente bei derartigen Gelegenheiten wirklich überreicht werden, sei hier Pfarrer Hebich angeführt, der nach der Konfirmation zu seinem Sohn Samuel sagte: „So, jetzt bist du ein Mann" und schenkte ihm eine — Tabakspfeife.[448] Es sei aber bemerkt, daß wir damit nicht sagen wollen, daß alle Eltern ihren Konfirmanden derartige Geschenke überreichen. Wir wissen und sind glücklich darüber, daß wir unter den Konfirmationsgeschenken auch des öfteren die Bibel finden — den einzigen Wegweiser zum ewigen Leben — und daß es auch unter den Konfirmanden solche gibt, bei denen das Ablegen des Glaubensbekenntnisses am Konfirmationstage mehr ist als eine tote und leere Zeremonie.

Doch streng genommen ist und bleibt die Konfirmation ebensogut wie die Kindertaufe nur eine „Zwangseinrichtung", mittels der man Glieder für die Kirche gewinnt. Dies geben auch ernste und unparteiische Theologen, die über diesen Punkt nachdachten und ihn an der Hand des Evangeliums prüften, frei und unverhohlen zu. So schreibt z. B. *Dr.* Gmelin in seiner Abhandlung „Die kirchl. Erziehung zum Christentum", S. 16, nachdem er zunächst davon gesprochen hat, daß bei der Konfirmation nicht der eigentliche Wille des Konfirmanden, sondern in Wahrheit nur der Wille der Eltern zum Ausdruck kommt, die bedeutungsvollen Worte: „Damit ist dann aber tatsächlich die Zustimmung bezw. daß Versprechen dieser jungen Glieder, der Gemeinde Christi, wie sie in unserer evangelischen Kirche Gestalt gewonnen hat, anzugehören und treu bleiben zu wollen, mehr erschlichen als auf evangelisch würdige, sittliche Weise gewonnen worden. Einem derartigen Versprechen aber kann ein sittliches Recht nicht zukommen, daher auch seine Erfüllung, trotz dem feierlichen Gelübde, im Ernst von niemand verlangt wird. In unserer Kirche kommt das hundert- und tausendfach jedes Jahr darin zum Ausdruck, daß die eben konfirmierten Glieder einige Wochen nachher, um von Jahren zu schweigen, oft den Eindruck machen, als hätten sie eher das Gegenteil, jede Art von Verhöhnung und Verachtung ihrer Kirche und deren Ordnungen und Dienern, versprochen, statt treue Anhänglichkeit und ernstlichen Wandel nach dem Bekenntnis, das sie vor dem Altare der christlichen Gemeinde hergesagt haben."

Dies offene Zugeständnis zeigt so recht, wie nichtig, ja wie verderblich alle menschlichen Einrichtungen und Neuerungen in Sachen des Glaubens und der Religion sind. Wie segensreich wäre es aber andererseits für den einzelnen Menschen sowie auch für das gesamte innere und geistliche Leben der Kirche selbst, wenn man sich die hl. Schrift, in der allein der geoffenbarte Wille unseres Gottes klar und rein zum Ausdruck kommt, als einzige Richtschnur setzen würde und sie nach besten Kräften auszuleben suchte, um mit dem Psalmisten sagen zu können: „Ich habe Lust zu deinen Zeugnissen, sie sind meine Ratsleute. Lehre mich, Herr, den Weg deiner Gebote, und bewahren will ich sie bis ans Ende." Möchte doch ein jeder um seiner eigenen Seligkeit willen mit ganzem Ernst darnach trachten, sich gänzlich von Menschengeboten freizumachen, um dem Herrn allein im Geist und in der Wahrheit zu dienen, dann würde auch „unser Friede sein wie ein Wasserstrom und unsere Gerechtigkeit wie Meereswellen". Darum:

„Prüfet alles, und das Gute behaltet!"

Quellenverzeichnis.

Adam, Alexander, Handbuch der römischen Altertüme Erlangen 1818, 126.

Ambrosius, Über die Geheimnisse, Kempt. Bibl., 77. 14 156. 157.

Apostolische Konstitutionen, Kempt. Bibl. 1874, 78. 82

Arastus, 56.

Arendts, *Dr.* Karl, Allgemeine Erdbeschreibung, Wien 126.

Arnold, G., Unparteiische Kirchen- und Ketzer-Histor

Augsburgische Konfession, 197. 200.

Augusti, *Dr.* J. C., Denkwürdigkeiten aus der christlich Archäologie, Leipzig 1817–1831, 58. 78. 81. 82. 95. 96. 1 146. 147. 148. 149. 150. 151. 152. 154. 157. 158. 160. 161. 166. 169. 178. 218. 221. 222. 223.

Augustinus, Kempt. Bibl., 220.

Augustinus, Bekenntnisse, Kempt. Bibl., 149.

Augustinus, Über den Gottesstaat, Kempt. Bibl., 82.

Barnabas-Brief, Apost. Väter, Kempt. Bibl. 1869, 76.

Basilius d. Gr. von Cäsarea, Ermahnung zur heiligen Kempt. Bibl., 27. 77.

Basilius d. Gr. von Cäsarea, *De Spirito Sancto*, Paris 173(

113. 145. 148. 154. 155.

Bauch, Rektor E. und Bury, Pfarrer V., *Dr. Martin Luth* Kleiner Katechismus, Breslau 1903, 57.

Baumgarten, Evangelische Glaubenslehre, 146.

Beyschlag, Prof. W., Der Altkatholizismus, Halle a. S. 191.

Beyschlag, Prof. W., Neutestamentliche Theologie, 188.

Bingham, *Antiquities of the Christian Church*, Oxford 1855 157. 222.

Blanck, Geschichte des protestantischen Lehrbegriffs,

Booth, *Paedobaptism*, London 1787, 32. 64. 66. 69. 130. 213. 217.

Bossert, Stadtpfarrer Eduard, Die Bedeutung der Taufe Testament in Zeitschrift für kirchliche Wissenschaft, 18 40. 49. 188.

Brändli-Schultheß, Biblische Hinweisungen, 166.

Brenner, *Dr.* Friedrich, Geschichte der Firmung, Bambe und Würzburg 1820, 94.

Brenner, *Dr.* Friedrich, Geschichte der Taufe, Bamberg Würzburg 1818, 82. 85. 93. 94. 95. 114. 117. 139. 151. 15 158.

Bunke, Pastor Ernst, Der Lehrstreit über die Kindertau Kassel 1900, 207.

Bunsen, *Christiany and Mankind*, 217.

Bunsen, *Hippolytus and his age*, 216.

Calvin, Kommentar, 63. 66. 121.

Caspers, *Dr.* A., Der Taufbegriff des N. Testaments, Bre 1877, 60. 63. 64. 114. 121. 141.

Cassius, 56.

Chrysostomus, Brief an Papst Innocentius, Kempt. Bib[l.] 157.

Chrysostomus, Homilie über den Römerbrief, Kempt. [Bibl.,] 77.

Chrysostomus, Erste Unterweisung an die Täuflinge, Kempt. Bibl., 77. 82.

Chrysostomus, Homilie über den 1. Korintherbrief, K[empt.] Bibl., 166.

Chrysostomus, Homilie über den Kolosserbrief, Kempt[.] Bibl., 147. 157.

Conradi, L. R., Die Weissagung Daniels, Hamburg 189[.]

Cramp, Geschichte der Baptisten, Hamburg 1873, 224.

Cyprian, Briefe, Kempt. Bibl., 53. 135. 159. 213. 214. 21[5.]

Cyprian, Über die Gefallenen, Kempt. Bibl., 55.

Cyrill von Jerusalem, Erste mystagogische Katechese, Kempt. Bibl., 53. 82. 143.

Cyrill von Jerusalem, Zweite mystagogische Katechese, Kempt. Bibl., 53. 76. 77. 82. 113. 147. 156.

Cyrill von Jerusalem, Dritte mystagogische Katechese, Kempt. Bibl., 150. 160.

Cyrill von Jerusalem, Vorbereitungsrede an die Täuflin[ge,] Kempt. Bibl., 27.

Dammann, Pastor J., Licht und Leben vom 8. März 19[.] 189. 190.

Dante, Göttliche Komödie, Leipzig 1891, 85.

Deißmann, *Dr.* Adolf, Paulus, Tübingen 1911, 70.

Dionysius Areopagita, Von der kirchl. Hierarchie, 147.

157.

Doddridge, *Dr.* in Shaws Reisen, 121.

Dowie, *Dr.* John Alexander, Blätter der Heilung, Nr. 9, 57. 105.

Eisenlohr, M. Christ. Friedr., Historische Bemerkunge[n] die Taufe, Tübingen 1804, 172.

Elberfelder Bibel, 21. 63. 130. 163.

Epiphanius, Bischof, Wider die Ketzereien, 166.

Eß, *Dr.* Leander van, Die Heilige Schrift, Leipzig 1906, 163.

Eusebius, Kirchengeschichte, 166.

Floyer, Arzt John, *On cold bathing*, 95. 96.

Freybe, *Dr.* A., Die heilige Taufe, Gütersloh 1910, 146.] 149.

Gerlach, *Dr.* Otto von, Bibelwerk, Leipzig 1880, 65.

Gibbons, Kardinal, Der Glaube unserer Väter, New Yo[rk] 1878, 117.

Gmelin, *Dr.* J., Die kirchliche Erziehung zum Christen[tum] in Anträge und Vorschläge württembergischer Pfarrer die Landessynode 1894, Heilbronn 1894, 180. 183. 205. 225. 226. 227. 229. 230.

Goßner, Johannes, Das Evangelium Markus, Hamburg 36. 48.

Gregor V. Nazianz, 143. 160.

Gregor v. Nazianz, Rede auf die heilige Taufe, Kempt. [B.] 27. 169. 217.

Gregor v. Nyssa, Große Katechese, Kempt. Bibl., 77. 11

Günther, Martin, Populäre Symbolik, St. Louis, Mo. 1. 106. 114. 145. 146.

Hagenbach, Dogmengeschichte, 211.

Harnack, *Dr.* Adolf, Lehren der zwölf Apostel in Theologische Literaturzeitung von 1884 und 1886, 108

Hauck, Real-Encyklopädie, Leipzig 1899, 105. 109. 111. 186. 189. 224. 227.

Hausemann, Prof. von, Ultramontane Eingriffe in die Freiheit der Wissenschaft in Zeitschrift »Der Protestant 4, Hamburg 1911, 221.

Hebich, S., Ein Beitrag zur Geschichte der indischen Mission, Basel 1872, 229.

Hefele, Konziliengeschichte, Freiburg i. B. 1873–1890, 1 89. 114. 136. 139. 144. 157. 158. 160. 169. 213. 218. 220.

Heinrice, Prof. in Meyers Kommentar 1888, 187.

Heitmüller, W., Taufe und Abendmahl bei Paulus, Gött 1903, 47. 188.

Henke, Allgemeine Geschichte der christl. Kirche, 144.

Hergenröther, Karl J., Handbuch der allgemeinen Kirchengeschichte, Freiburg i. B. 1876, 149.

Herzog, Real-Encyklopädie für protestantische Theolo; und Kirche, 1854–1868, 105. 136. 186. 208. 209. 216. 221

Heyne, *Dr.* Moritz, Deutsches Wörterbuch, Leipzig 189

Hieronymus, 48. 143.

Hirt des Hermas, 76.

Holzmann, *Dr.* H. und *Dr.* Zöpffel, Lexikon für Theolo und Kirchenwesen, Leipzig 1882, 56. 78.

Höfling, *Dr.* J. W. F., Das Sakrament der Taufe, Erlange 1859, 140. 149. 154. 208.

Irenäus, Brief an Florianus, 111.
Irenäus, Wider die Häresien, Kempt. Bibl., 209. 210.
Irenäus' Schriften herausgegeben von Grabe, 210. 211.

Justin, Märtyrer, Erste Apologie, Kempt. Bibl. 1871, 50 111. 159. 208. 209.

Jülicher, *Dr.* Adolf, Die Schriften des Neuen Testaments herausgegeben von *Dr.* Johannes Weiß, 73.

Kirchengeschichte des christl. Vereins im nordischen Deutschland, 217.

Kirchlicher Anzeiger von Württemberg Nr. 12, 1907, 2

Kluge, Prof. Friedrich, Etymologisches Wörterbuch de deutschen Sprache, 5. Aufl., Straßburg 1894, 57.

Konfirmationsbüchlein des Königreichs Württemberg, Ausgabe von 1884, 194.

Kranz, Pfarrer, Einundzwanzig Gründe, 118.

Kunze, *Dr.* Johannes, Das apostolische Glaubensbeken und das Neue Testament, Berlin 1911, 112.

Lange, *Dr.* Lobegott, Die Kindertaufe in der evangelisch Kirche, Jena 1834, 190. 193. 194. 199. 201. 202. 203. 204. 228.

Lange, Pfarrer H., Versuch einer christl. Dogmatik, Be 1868, 207.

Leutwein, Apostolische Briefe erklärt aus den religiöse Meinungen des ersten Jahrhunderts, 169.

Liebmann, P. S., Kleines Handwörterbuch der christlic Symbolik, Leipzig, 57, 70.

Lietzmann, Prof. Hans, Handbuch zum Neuen Testam Tübingen 1910, 163. 166.

Lobstein, Prof. P., Zur Rechtfertigung der Kindertaufe Zeitschrift für Theologie und Kirche, 1896, 185. 186.

Luthardt, Kompendium der Dogmatik, Leipzig 1878, 1

Luthers Schriften, herausgegeben von J. G. Walch (X), Louis, Mo. 1885, 49. 57. 58. 94. 95. 146. 150. 155. 198. 2(201. 221.

Luther, *Dr.* M., Tischreden, 110.

Melanchthon, Apologie der Augsburgischen Konfessio 197. 200.

Mosheim, Kirchengeschichte, Leipzig 1769, 47.

Müller, J. T., Evangelisches Konkordienbuch, Güterslo 1871, 197. 198. 200. 202.

Münscher, Handbuch der christlichen Dogmengeschic 211. 216.

Münter, S., Handbuch der älteren christlichen Dogmengeschichte, 147. 148.

Münzberger, Abessinien, 86.

Neander, *Dr.* A., Allgemeine Geschichte der christliche Religion und Kirche, Gotha 1863–65, 54. 90. 143. 144. 1 184. 185. 210. 212. 213. 214. 216.

Neander, *Dr.* A., Der hl. Bernhard und sein Zeitalter, B 1813, 173. 218. 219.

North, A., Die Baptisten und ihre Taufpraxis, 117.

Nürnberger Bibelausgabe 1643, 71.

Oehninger, Friedrich, Geschichte des Christentums, Be 1897, 111.

Olshausen, *Dr.*, Biblischer Kommentar, Königsberg 18: 63. 64. 180. 183. 184. 187.

Origenes, Homilie über das Buch Josua, 51. 52.

Origenes, Homilie über 4. Mose, 52.

Origenes, Homilie über Lukas, 32. 213. 215.

Origenes, Homilie über 3. Mose, 215.

Origenes, Homilie über den Römerbrief, 215. 216.

Origenes, gegen Celsus, 52.

Pelz, Reinhard, Geschichte des Kreises Pyritz, Hannov und Berlin 1900, 93.

Philaret, Erzbischof, Geschichte der Kirche Rußlands, Frankfurt a. M. 1872, 114.

Philastirus, Über die Ketzereien, 169.

Plieninger, Stadtpfarrer A., Das neue Konfirmationsbü im Gemeindeblatt der Johanneskirche, Stuttgart 1908, 12, 206. 207.

Plutarch, 56.

Polybius, 56.

Potter, Griechische Archäologie, Halle 1776, 126.

Priestly, *Dr.*, Cox, *Sabbath Laws*, 225.

Probst, *Dr.* Ferdinand, Sakramente und Sakramentalie den drei ersten Jahrhunderten, Tübingen 1872, 50. 51. 136. 185.

Rabaud, Der heidnische Ursprung des katholischen Ku Gütersloh 1903, 153.

Rauschenbusch, Prof. A., Die Entstehung der Kinderta
Hamburg 1898, 100.

Redenbacher, W., Lesebuch der Weltgeschichte, Calw 1
14. 16.

Reinhardt, L., Das Neue Testament, Lahr i. B. 1878, 25

Riehm, *Dr.* Eduard C. A., Handwörterbuch des biblisc
Altertums, Bielefeld und Leipzig 1884, 189. 216.

Rietschel, *Dr.*, Lehrbuch der Liturgik in Sammlung vo
Lehrbüchern der praktischen Theologie von *Dr.* H. He
Berlin 1909, 220.

Ruperti, F. A., Geschichte der Dogmen, Berlin 1831, 13
173. 212. 218.

Salmasius und Sancerus, Thesaurus ecclesiasticus, 51.

Schaff, *Dr.*, Geschichte der alten Kirche, Leipzig 1867, 1
117. 136. 142. 144. 220. 228.

Scheffmacher, Kontroverskatechismus, Aachen 1901, 1

Schenkel, *Dr.* Daniel, Bibel-Lexikon, Leipzig 1869–75, 1
186. 187.

Schleiermacher, *Dr.* Friedrich, Der christl. Glaube, Hall
S., 224.

Schmid, J. G. P., Erklärungen alter Wörter, Tübingen
130. 133.

Schmid, Encyklopädie der Erziehung und des
Unterrichtswesens, Gotha 1873, 188. 189.

Schmiedel, Prof., Handkommentar, 187.

Schröckh, Christliche Kirchengeschichte, Leipzig 1799,
219. 221. 222. 223.

Schullehrer-Bibel, Neustadt a. d. Orla, 71. 72.

Schwenckfeld in Rupertis Geschichte der Dogmen, 170

Scott, Familien-Bibel, 32.

Seeböck, Philibert, Kleine illustrierte Heiligen-Legende

Semisch, Justin der Märtyrer, Breslau 1840–42, 209.

Sophokles, 56. 209.

Staerk, Antonius, Der Taufritus in der griechisch-russi Kirche, Freiburg im Breisgau 1903, 77. 148. 150. 152. 15 154.

Stark, Geschichte des ersten Jahrhunderts, 143.

Starke, Pfarrer Christoph, Bibelwerk, Leipzig 1745, 72.

Stöber, Pfarrer A., Ist die Kindertaufe schrift- und rechtmäßig? Basel 1864, 117. 136. 215.

Strabo, *De exordiis et incrementis ecclesiasticarum*, 56.

Tassani, *Dr.* Paulus, Bibelausgabe Minden 1716, 63.

Teichmann, Ernst, Die Taufe bei Paulus in Zeitschrift fi Theologie und Kirche 1896, 49.

Tertullian, Gegen Marcion, 166.

Tertullian, Gegen Praxeas, 111. 113.

Tertullian, Über die Auferstehung des Fleisches, 165.

Tertullian, Über die Taufe, 50. 76. 135. 143. 148. 149. 15(170. 211.

Tertullian, Vom Kranze des Soldaten, 50. 76. 111. 112.] 152.

The Archaeology of Baptism, London 1876, 139.

Theologisches Universal-Lexikon, 185.

Tholuck, Auslegung des Briefes Pauli an die Römer, Be 1824, 72. 73.

Troschel, Die Wassertaufe der Christen, Berlin 1774, 56

Waal, Anton de, *Roma sacra*, Wien 1905, 81.

Waggoner, J. H., *Thoughts on Baptism*, Battle Creek 1894 124.

Wall, *Dr.*, Geschichte der Kindertaufe, 96. 99.

Weigand, Fr. L. K., Deutsches Wörterbuch 1910, 5. Au

Weiß, *Dr.* Bernhard, Das N. Testament mit fortlaufende Erklärungen, Leipzig 1904, 65. 70. 71. 163. 165. 189.

Weiß, Johannes, Die Schriften des N. Testaments, 73. 1

Weizsäcker, Carl, Das apostolische Zeitalter der christli Kirche, 2. Ausgabe, Freiburg i. B. 1890, 164.

Weizsäcker, Die Heilige Schrift, 163.

Wette, *Dr.* de, Zur Geschichte der Kindertaufe in Theologische Studien und Kritiken, 1830, 187.

Whitby, *Dr.*, Kommentar zum N. Testament, 73. 74.

Winer, *Dr.* Georg, Biblisches Realwörterbuch, 3. Auflag Leipzig 1847–48, 121. 126.

Zeller, Biblisches Handwörterbuch, Calw und Stuttgar 1893, 121. 225.

Ziegler, Von der Taufe im „Neuen Tagblatt" Stuttgart N 1908, 189.

Zwingli, Ulrich, Vom Touf, vom Wiedertouf und vom Kindertouf vom Jahre 1525, 224.

Verlagsanzeige.

Die Internationale Traktatgesellschaft verlegt christliche Bücher, Zeitschriften und kleinere Schriften in allen leitenden Sprachen. Reichhaltig sind die Kataloge in deutscher, englischer, französischer, holländischer, dänischer und schwedischer Sprache. Eine gute Auswahl ist aber auch bereits in ungarisch, böhmisch, russisch, spanisch, italienisch usw. vorhanden und wird immer mehr ergänzt. Kataloge werden gratis zugesandt. Man adressiere:

Hamburg, Grindelberg 15 a, Deutschland.
Basel, Birmannsgasse 31, Schweiz.
Gland, Kanton Waadt, Schweiz.
Budapest, Katona Jozsef u. 28, Ungarn.
Watford, Stanborough Park, Herts, England.
Christiania, Akersgaden 74, Norwegen.
Stockholm, Kungsgatan 34, Schweden.
Helsingfors, Unionsgatan 4, Finland.
S. Petersburg, Jesimow u. Co., Malaja Grebezkaja 4^b W. 26.
Riga, Postfach 982, Rußland.
Konstantinopel, Deutsche Post Galata 109, Türkei.
New York City, 32 Union Square East, U. S. A.
Washington D. C., Takoma Park Station, U. S. A.
College View, Nebraska, U. S. A.
Nashville, 24. Avenue, North., Tenn., U. S. A.
Mountain View, Villa Street, Kalifornien, U. S. A.
Port Hope, Ontario, Kanada.
Tacubaya, D. F., 1420 Avenida 20, Mexiko.

São Bernardo, Estação, S. P. R., São Paulo, Brasilien.
Buenos Aires, Florida, F. C. C. A., Argentinien.
Santiago, Casilla 2830, Chile.
Kapstadt, 56 Roeland Street, Süd-Afrika.
Lucknow, 17 Abbott Road, Indien.
Shanghai, Box 523, U. S. Postal Agency, China.
Tokio, 846 Sendagaya-machi, Japan.
Soeul, Korea.
Warburton, Victoria, Australien.
Cooranbong, Avondale, N. S. W. Australien.

Fußnoten:

[1] Als Ersatz für Judas Ischariot wurde Matthias durchs Los gewählt und den elf Aposteln zugeordnet. Siehe Apg. 1, 21–26.

[2] Lesebuch der Weltgeschichte, S. 259.

[3] Hefele, Konziliengeschichte V, S. 982.

[4] Conradi, Die Weissagung Daniels, S. 130. 131.

[5] Redenbacher, Lesebuch der Weltgeschichte, S. 399.

[6] 3. Mose 14, 8.

[7] 2. Mose 29, 4; 3. Mose 8, 6.

[8] Matth. 3, 16; Apg. 2, 38; 9, 17.

[9] Röm. 6, 4.

[10] Kol. 3, 1. 2.

[11] Nach der Übersetzung von Dr. Leander van Eß.

[12] Ebr. 10, 1.

[13] Elberfelder Übers.

[14] 1. Kor. 10, 1. 2.

[15] Ps. 105, 39.

[16] Luk. 1, 4; 2. Tim. 3, 15–17.

[17] Joh. 1, 33, Übers. von Reinhardt; Luk. 3, 3.

[18] Matth. 4, 17; Joh. 3, 22. 26; 4, 1. 2.

[19] Mark. 16, 15. 16.

[20] Matth. 28, 19. 20.

[21] Apg. 2, 41.

[22] Vorbereitungsrede an die Täuflinge, Kap. 16.

[23] Ermahnung zur heiligen Taufe.

[24] Rede auf die hl. Taufe, Kap. 3.

[25] 1. Petri 3, 21.

[26] Gal. 3, 27. 29.

[27] 1. Kor. 12, 13; Gal. 3, 28.

[28] Gal. 2, 19. 20.

[29] Kol. 3, 1–3.

[30] 2. Kor. 5, 17.

[31] Matth. 3, 1. 2. 5. 6.

[32] Mark. 1, 2.

[33] Mark. 1, 1–3; Joh. 1, 33.

[34] Apg. 19, 4.

[35] Luk. 7, 30; Matth. 3, 7. 8.

[36] Booth, *Paedobaptism* II, S. 241.

[37] Familien-Bibel.

[38] Luk. 19, 10.

[39] Joh. 4, 34.

[40] Mark. 1, 14. 15; Matth. 4, 17.

[41] Joh. 3, 3. 5.

[42] Joh. 3, 22. 26; 4, 1. 2.

[43] Matth. 28, 19. 20; Mark. 16, 16.

[44] Luk. 14, 27; 9, 23; Matth. 10, 37. 38.

[45] Das Evangelium Markus, S. 242.

[46] Matth. 28, 19. 20.

[47] Apg. 16.

[48] Luk. 1, 1–4.

[49] Apg. 2, 36.

[50] Apg. 2, 41.

[51] Die Bedeutung der Taufe im N. Testament in Zeitschrift für kirchliche Wissenschaft, 1888, S. 350.

[52] Apg. 10, 44–48.

[53] Apg. 16, 13–15.

[54] Apg. 16, 25–34.

[55] Apg. 18, 1–8, Parallel-Bibel.

[56] 1. Kor. 1, 5–7.

[57] Taufe und Abendmahl bei Paulus, S. 32.

[58] Kirchengeschichte I, 2. Teil, S. 270.

[59] Unparteiische Kirchen- und Ketzer-Historie II, 2. Teil, Kap. 3, S. 61.

[60] Das Evangelium Markus, S. 243.

[61] Biblischer Kommentar I, S. 156.

[62] Die Bedeutung der Taufe im N. Testament in Zeitschrift für kirchliche Wissenschaft, 1888, S. 349.

[63] Die Taufe bei Paulus in Zeitschrift für Theologie und Kirche, 1896, S. 365.

[64] Walch X, S. 127.

[65] Apologie, Kap. 61. (Nach *Dr.* Probst, Sakramente und Sakramentalien, S. 121.)

[66] Über die Taufe, Kap. 18.

[67] Ebendaselbst, Kap. 13 und 14.

[68] Ebendaselbst, Kap. 3.

[69] Sakramente und Sakramentalien, S. 120.

[70] *Thesaurus ecclesiasticus II.*

[71] Homilie über das Buch Josua.

[72] Homilie XIII zu 4. Mose.

[73] Gegen Celsus III, 59.

[74] Sakramente und Sakramentalien, S. 141.

[75] Cyprian, 69. Brief, Kap. 7.

[76] Ebendaselbst, 70. Brief, Kap. 2.

[77] Erste mystagogische Katechese, Kap. 9.

[78] Kirchengeschichte II, S. 496.

[79] Über die Gefallenen, Kap. 6.

[80] Vergl. Troschel, Die Wassertaufe der Christen, S. 38. 39.

[81] Lexikon für Theologie und Kirchenwesen.

[82] Historische Bemerkungen über die Taufe, S. 50.

[83] Christliche Symbolik.

[84] Deutsches Wörterbuch III, Art. „Taufe", S. 942.

[85] Walch X, S. 2112.

[86] Denkwürdigkeiten aus der christl. Archäologie VII, S. 5.

[87] Matth. 3, 1. 2; Apg. 19, 4.

[88] Matth. 3, 5. 6.

[89] Röm. 6, 4.

[90] Der Taufbegriff des N. Testaments, S. 21.

[91] Kommentar.

[92] Biblischer Kommentar II, S. 94.

[93] Nach der Elberfelder Übers.

[94] Der Taufbegriff des N. Testaments, S. 38.

[95] Booth, *Paedobaptism* I, S. 204.

[96] Luk. 12, 50; Matth. 20, 22.

[97] Bibelwerk, S. 77.

[98] N. Testament mit Erklärungen I, S. 185.

[99] Ebendaselbst, S. 277.

[100] Bibelwerk II, S. 239.

[101] Booth, *Paedobaptism* I, S. 220.

[102] Booth, *Paedobaptism* I, S. 209.

[103] Röm. 6, 3–5.

[104] Gal. 5, 24; 2, 20; 2. Kor. 5, 17.

[105] Röm. 6, 4.

[106] Röm. 6, 3. 4.

[107] Handbuch zum N. Testament III, S. 29; vergl. auch *Dr.* Adolf Deismann, Paulus, S. 108.

[108] N. Testament mit Erläuterung II, S. 28. 29.

[109] Nürnberger Bibelausgabe von 1643.

[110] Bibelwerk II, S. 808.

[111] *Dr.* Johannes Weiß, Schriften des N. Testaments II, S. 258.

[112] Kommentar zum N. Testament.

[113] Über die Taufe, Kap. 2.

[114] Barnabas-Brief, Kap. 2.

[115] *De Spirito Sancto*, Paris 1730; vergl. Staerk, Der Taufritus in der griechisch-russischen Kirche, S. 101.

[116] Ermahnung zur heiligen Taufe, Kap. 2.

[117] Große Katechese, Kap. 35.

[118] Über die Geheimnisse, Kap. 3. 4.

[119] Erste Unterweisung an die Täuflinge, Kap. 3; ebenso Erste Homilie zu Röm. 6, 7.

[120] Erste Homilie zu Röm. 6, 5.

[121] Vergl. *Dr.* Augusti, Denkwürdigkeiten aus der christl. Archäologie VII, S. 86.

[122] Lexikon für Theologie und Kirchenwesen, S. 52.

[123] Denkwürdigkeiten aus der christl. Archäologie VII, S. 194.

[124] *Roma sacra*, S. 263. 264; vergl. auch Seite 72.

[125] Chrysostomus, Erste Unterweisung an Täuflinge, Kap. 3 und in seinem ersten Brief an Papst Innocentius, Kap. 3; Ambrosius, Über die Geheimnisse; Augustinus, Über den Gottesstaat XXII, Kap. 8, 6.

[126] Denkwürdigkeiten aus der christl. Archäologie VII, S. 190. 191 und Bd. XI, S. 400.

[127] Geschichte der Taufe, S. 279.

[128] Göttliche Komödie, 19. Gesang.

[129] Geschichte der Taufe, S. 313. 314.

[130] Geschichte der Taufe, S. 33.

[131] Münzberger, Abessinien, S. 117.

[132] Hefele, Konziliengeschichte III, S. 80 und Brenner, Geschichte der Taufe, S. 33.

[133] Hefele, Konziliengeschichte IV, S. 9.

[134] Ebendaselbst V, S. 796.

[135] Ebendaselbst IV, S. 370.

[136] Kirchengeschichte VII, S. 10.

[137] Vergl. hierzu Neander, Kirchengeschichte VII, S. 34–38.

[138] Geschichte des Kreises Pyritz, S. 32.

[139] Philibert Seeböck, Kleine illustrierte Heiligen-Legende, S. 149.

[140] Brenner, Geschichte der Taufe, S. 42.

[141] Ebendaselbst, S. 306.

[142] Brenner, Geschichte der Taufe, S. 41.

[143] Walch X, S. 2143. 2147.

[144] Luthers Brief an Genesius (Walch X, S. 2146).

[145] Geschichte der Taufe, S. 46.

[146] Auch von *Dr.* Augusti in Denkwürdigkeiten aus der christl. Archäologie VII, S. 229 angeführt.

[147] Geschichte der Kindertaufe II, S. 376.

[148] *Dr.* Augusti, Denkwürdigkeiten aus der christl. Archäologie VII, S. 226. 227.

[149] Geschichte der Kindertaufe II, S. 376.

[150] Vergl. A. Rauschenbusch, Die Entstehung der Kindertaufe, S. 125.

[151] Röm. 6, 5.

[152] Hauck, Real-Encyklopädie XIX, S. 428.

[153] Blätter der Heilung vom 15. Nov. 1905, S. 211.

[154] Pastor Mallet in Herzog, Real-Encyklopädie XVI, Art. „Tunker".

[155] Günther, Populäre Symbolik, S. 264.

[156] In Theologische Literaturzeitung vom 12. Januar 1886.

[157] Hauck, Real-Encyklopädie XIX, S. 429. Art. „Taufe".

[158] In Theologische Literaturzeitung vom 9. Februar 1884.

[159] Erste Apologie, Kap. 61.

[160] So Prof. Drews in Hauck, Real-Encyklopädie XIX, S. 429, Art. „Taufe".

[161] Vergl. Oehninger, Geschichte des Christentums, S. 29.

[162] Geschichte der alten Kirche, S. 407.

[163] *Dr.* Johannes Kunze, Das apostolische Glaubensbekenntnis und das N. Testament, S. 24. 25. Vergl. auch Caspers, Der Taufbegriff des N. Testaments, S. 322. 323. Bemerkt sei hier noch, daß in den katholischen Übersetzungen, soweit sie uns zu Händen kamen, das Zugeständnis Tertullians, nämlich: „indem wir ein etwas Mehreres erfüllen, als der Herr im Evangelium angeordnet hat," gänzlich fehlt.

[164] Vom Kranze des Soldaten, Kap. 3.

[165] *De Spirito Sancto*: vergl. Staerk, Der Taufritus in der griechisch-russischen Kirche, S. 101.

[166] Große Katechese, Kap. 35.

[167] Gegen Praxeas, Kap. 26.

[168] Zweite mystagogische Katechese, Kap. 4.

[169] *Dr.* Brenner, Geschichte der Taufe, S. 32.

[170] Hefele, Konziliengeschichte IV, S. 370.

[171] Martin Günther, Populäre Symbolik, S. 263.

[172] Geschichte der Kirche Rußlands, II. Teil, S. 344.

[173] A. Caspers, Der Taufbegriff des N. Testaments, S. 24.

[174] Siehe Apg. 2, 17. 33; Tit. 3, 5. 6; Joel 3, 1.

[175] Apg. 2, 2.

[176] Apg. 1, 5.

[177] North, Die Baptisten und ihre Taufpraxis, S. 9.

[178] So Kardinal Gibbons, Der Glaube unserer Väter, S. 177 und Pfarrer Stöber, Ist die Kindertaufe schrift- und rechtmäßig? S. 167 u. a. m.

[179] *Dr.* Schaff, Geschichte der alten Kirche, S. 117.

[180] Einundzwanzig Gründe, S. 30.

[181] Bibl. Realwörterbuch, Art. „Jerusalem" und „Teiche".

[182] Der Taufbegriff des N. Testaments, S. 25.

[183] Vergl. Zeller, Biblisches Handwörterbuch, Art. „Wüste", S. 975.

[184] In *Dr.* Shaws Reisen, Vorrede S. 4.

[185] Bibelwerk II, S. 239.

[186] Waggoner, *Thoughts on Baptism*, S. 44.

[187] Waggoner, *Thoughts on Baptism*, S. 44–47.

[188] 2. Kön. 5, 1–14.

[189] Zeller, Biblisches Handwörterbuch, Art. „Amana", S. 38.

[190] Handbuch der römischen Altertümer II, S. 214; vergl. auch Potter, Griechische Archäologie II, S. 654.

[191] Winer, Bibl. Realwörterbuch I, Art. „Baden", S. 130.

[192] Ebendaselbst II, S. 130 (Fußnote).

[193] Allgemeine Erdbeschreibung I, S. 708.

[194] Elberfelder Übers.

[195] 2. Mose 14, 14–22.

[196] Ps. 105, 39.

[197] Booth, *Paedobaptism* I, S. 187.

[198] Erklärungen alter Wörter, S. 106, Art. „Taufe".

[199] Siehe Matth. 1, 6. 11; 3, 13. 14. 16; 20, 22. 23; 28, 19; Mark. 1, 4. 5. 8. 9; 10, 38. 39; 16, 16; Luk. 3, 7. 12. 16. 21; 7, 29. 30; 12, 50; Joh. 1, 25. 26. 28. 31. 33; 3, 22. 23. 26; 4, 1. 2; 10, 40; Apg. 1, 5; 2, 38. 41; 8,12. 13. 16. 36. 38; 9, 19; 10, 47. 48; 11, 16; 16, 15. 33; 18, 8; 19, 3. 5; 22, 16; Röm. 6, 3. 4; 1. Kor. 1, 13–17; 10, 2; 12, 13; 15, 29; Gal. 3, 27.

[200] Matth. 3, 1; 11, 11. 12; 14, 2. 8; 16, 14; 17, 13; Mark. 6, 14. 24. 25; 8, 28; Luk. 7, 20. 28. 33; 9, 19.

[201] 1. Kor. 11, 16.

[202] Über die Taufe, Kap. 12.

[203] Ebendaselbst, Kap. 12.

[204] Cyprians Brief an Magnus, 70, Kap. 12.

[205] Cyprians Brief an Magnus, 70, Kap. 12. (Nach Stöber in seiner Broschüre „Ist die Kindertaufe schrift- und rechtmäßig?" S. 168. 169.)

[206] *Dr.* Probst, Sakramente und Sakramentalien, S. 109.

[207] Vergl. F. A. Ruperti, Geschichte der Dogmen, S. 256, und *Dr.* Schaff, Geschichte der alten Kirche, S. 333. 334.

[208] *Dr.* Seitz in Herzog, Real-Encyklopädie XV, S. 474, Art. „Taufe".

[209] Hefele, Konziliengeschichte I, S. 249.

[210] Ebendaselbst IV, S. 59.

[211] *The Archaeology of Baptism*, London 1876, S. 5, Nr. IX.

[212] Geschichte der Taufe, S. 15, vergl. auch *Dr.* Augusti, Denkwürdigkeiten aus der christl. Archäologie VII, S. 234.

[213] Hefele, Konziliengeschichte IV, S. 9.

[214] Hauck, Real-Encyklopädie XIX, S. 432. 434, Art. „Taufe".

[215] Das Sakrament der Taufe I, S. 59.

[216] Vergl. A. Caspers, Der Taufbegriff des N. Testaments, S. 26.

[217] Vergl. *Dr.* Schaff, Geschichte der alten Kirche, S. 335. 336.

[218] Vergl. *Dr.* Augusti, Denkwürdigkeiten aus der christl. Archäologie VII, S. 259, und Stark, Geschichte des ersten Jahrhunderts T. III, S. 203.

[219] Kirchengeschichte I, S. 396.

[220] Vom Kranze des Soldaten, Kap. 3. 4. Man vergl. auch seine Schrift „Über die Taufe", Kap. 5.

[221] Erste mystagogische Katechese Kap. 4–8. Die Vorschriften dafür finden sich noch vor bei Dionysius Areopagita, Von der kirchl. Hierarchie II, Kap. 6, Gregor von Nazianz, Hieronymus und Ambrosius, Über die Geheimnisse, Kap. 2.

[222] Freybe, Die heilige Taufe, S. 170–175.

[223] Allg. Geschichte der christl. Kirche I, S. 97.

[224] Vom Kranze des Soldaten, Kap. 3. 4.

[225] Hefele, Konziliengeschichte I. Man vergl. auch Neander, Kirchengeschichte I, S. 397; Freybe, Die heilige Taufe, S. 150, und Schaff, Geschichte der alten Kirche, S. 336.

[226] *Dr.* Augusti, Denkwürdigkeiten aus der christl. Archäologie VII, S. 275.

[227] Vergl. Günther, Populäre Symbolik, S. 280 (Fußnote).

[228] So z. B. Basilius der Große in seinem Buch vom hl. Geist, Kap. 27.

[229] Vergl. Günther, Populäre Symbolik, S. 280 (Fußnote) und *Dr.* Augusti, Denkwürdigkeiten aus der christl. Archäologie VII, S. 288.

[230] Taufbüchlein von 1526 (Walch X, S. 2138. 2144); vergl. auch Dr.

Augusti, Denkwürdigkeiten aus der christl. Archäologie VII, S. 292.

[231] Vergl. Günther, Populäre Symbolik, S. 280 (Fußnote), und *Dr.* A. Freybe, Die heilige Taufe, S. 152.

[232] Evangelische Glaubenslehre III, S. 320. 321.

[233] Taufbüchlein von 1526 (Walch X, S. 2142), und *Dr.* Freybe, Die heilige Taufe, S. 158.

[234] Ebendaselbst, S. 159.

[235] Vergl. Ambrosius, Über die Geheimnisse, Kap. 4.

[236] *Dr.* Augusti, Denkwürdigkeiten aus der christl. Archäologie VII, S. 295.

[237] Ebendaselbst, S. 295.

[238] Von der kirchl. Hierarchie II, Kap. 7.

[239] *Dr.* Augusti, Denkwürdigkeiten aus der christl. Archäologie VII, S. 296. 297.

[240] Vergl. *Dr.* Freybe, Die heilige Taufe, S. 160.

[241] Cyrill, Zweite mystagogische Katechese, Kap. 3. Vergl. Dionysius Areopagita, Von der kirchl. Hierarchie II, Kap. 7, und Chrysostomus, Sechste Homilie über Kolosser 2, 15.

[242] Handbuch der ältesten christlichen Dogmengeschichte II, 2. Abt., S. 58.

[243] Über die Taufe, Kap. 4, 5 und 9.

[244] Von der kirchl. Hierarchie II, Kap. 7.

[245] *De Spirito Sancto*, Kap. 27; auch in Staerk, Der Taufritus in der griechisch-russischen Kirche, S. 76, und in *Dr.* Augusti, Denkwürdigkeiten aus der christl. Archäologie IV, S. 209.

[246] Die heilige Taufe, S. 161.

[247] Höfling, Das Sakrament der Taufe II, S. 52.

[248] Augustinus, Bekenntnisse I, Kap. 11; vergl. auch Hergenröther, Handbuch der allg. Kirchengeschichte, 4. Aufl. I, S. 461. 462.

[249] Über die Taufe, Kap. 7.

[250] Dr. Augusti, Denkwürdigkeiten aus der christl. Archäologie VII, S. 299.

[251] Cyrill, Dritte mystagogische Katechese, Kap. 4.

[252] Über die Taufe, Kap. 7; Cyrill, Dritte mystagogische Katechese, Kap. 6; vergl. 2. Mose 29, 7. 21. 35; 3. Mose 8, 2. 12.

[253] Taufbüchlein von 1526 (Walch X, S. 2138).

[254] Der Taufritus in der griechisch-russischen Kirche, S. 164.

[255] Paulus in 1. Kor. 16, 20; 2. Kor. 13, 12; Röm. 16, 16; ebenso Petrus in seinem 1. Brief, Kap. 5, 14.

[256] Brenner, Geschichte der Taufe, S. 96. 307; vergl. auch *Dr. Augusti*, Denkwürdigkeiten aus der christl. Archäologie VII, S. 309.

[257] *Dr. Augusti*, Denkwürdigkeiten aus der christl. Archäologie VII, S. 313; vergl. noch Ambrosius, Über die Geheimnisse, Kap. 7 und Neander, Kirchengeschichte III, S. 451.

[258] Denkwürdigkeiten aus der christl. Archäologie VII, S. 315.

[259] Vom Kranze des Soldaten, Kap. 3.

[260] Ebendaselbst, Kap. 4.

[261] *Dr. Augusti*, Denkwürdigkeiten aus der christl. Archäologie IX, S. 397. 398.

[262] A. Staerk, Der Taufritus in der griechisch-russischen Kirche, S. 181.

[263] Staerk, Der Taufritus in der griechisch-russischen Kirche, S. 180.

[264] Der heidnische Ursprung des katholischen Kultus, S. 76.

[265] Staerk, Der Taufritus in der griechisch-russischen Kirche, S. 181.

[266] Staerk, Der Taufritus in der griechisch-russischen Kirche, S. 179; vergl. auch Dr. Augusti, Denkwürdigkeiten aus der christl. Archäologie VII, S. 318.

[267] Wer eine ausführliche Beschreibung der Taufgebräuche haben will, den verweisen wir auf das gediegene und allgemein geschätzte Werk von *Dr. Augusti*, „Denkwürdigkeiten aus der christl. Archäologie", Bd. VII, Kap. 10, welches wir in diesem Abschnitt besonders benutzt haben, sowie Dr. Höfling, Sakrament der Taufe I, S. 539–549.

[268] Taufbüchlein von 1526. (Walch X, S. 2138.)

[269] 1. Kor. 14, 40 (Grundtext).

[270] Cyrill, Zweite mystagogische Katechese, Kap. 2.

[271] Nach Bingham, *Antiquities of the Church, book 11, chap. 11.* Vergl. auch *Dr. Augusti*, Denkwürdigkeiten aus der christl. Archäologie VII, S. 224.

[272] Von der kirchl. Hierarchie II, Kap. 5.

[273] Sechste Homilie über Kolosser 2, 15.

[274] Erster Brief an Papst Innocentius, Kap. 3.

[275] Siehe *Dr. Augusti*, Denkwürdigkeiten aus der christl. Archäologie VII,

S. 225 und Hefele, Konziliengeschichte I, S. 493. 494.

[276] Geschichte der Taufe, S. 22.

[277] Geschichte der Taufe, S. 22, sowie *Dr.* Augusti, Denkwürdigkeiten aus der christl. Archäologie VII, S. 187.

[278] Hefele, Konziliengeschichte II, S. 611.

[279] 3. Mose 14, 8; 15; 17, 15. 16; 22, 6; 4. Mose 19, 19; 2. Mose 29, 4; 3. Mose 8, 6.

[280] Matth. 3, 11. 16.

[281] Joh. 3, 23.

[282] Apg. 8, 26–40; 10, 44–48.

[283] Vergl. *Dr.* Augusti, Denkwürdigkeiten aus der christl. Archäologie VII, S. 200–202.

[284] Hefele, Konziliengeschichte III, S. 580; vergl. auch *Dr.* Augusti, Denkwürdigkeiten aus der christl. Archäologie VII, S. 205.

[285] Hefele, Konziliengeschichte VI, S. 656.

[286] Ebendaselbst, S. 182.

[287] *Dr.* Augusti, Denkwürdigkeiten aus der christl. Archäologie VII, S. 206. 207.

[288] Ebendaselbst VII, S. 207.

[289] Ebendaselbst VII, S. 208.

[290] Ebendaselbst VII, S. 208–210.

[291] Ebendaselbst VII, S. 211. Wer eine ausführliche Erörterung über die vielen Ersatzmittel des Taufwassers haben will, den verweisen wir auf dasselbe Werk, Band VII, S. 197–214.

[292] *Dr.* Augusti, Denkwürdigkeiten aus der christl. Archäologie VII, S. 211.

[293] Nach dem Grundtext, übersetzt von Leander van Eß. Dieselbe Lesart findet man auch in den Übersetzungen von Weizsäcker, *Dr.* Hans Lietzmann, Bernhard Weiß, Reinhardt sowie auch in der Elberfelder und Züricher Bibel. Nur Luther übersetzt anstatt „für" oder „zugunsten der Toten", „über den Toten", was dem Text einen anderen Sinn gibt, und viele dadurch in ihrer Auslegung veranlaßte, den Text auf Christum zu beziehen. „Was machen sonst, die sich taufen lassen über den Toten (Christus)?" Es wäre ja Torheit, sich auf Jesum taufen zu lassen, wenn er gar nicht mehr wäre und lebte. Diese Auslegung verträgt sich aber nicht mit dem Grundtext, denn derselbe redet nicht von dem Toten in der Einzahl, sondern in der Mehrzahl, wie es auch die oben angeführten Übersetzungen richtig wiedergeben.

[294] So Prof. *Dr.* Schenkel in seinem Bibel-Lexikon, Art. „Taufe", S. 467, und Weizsäcker, Das apostolische Zeitalter der christl. Kirche, S. 572; ähnlich auch Johannes Weiß, Die Schriften des N. Testaments II, S. 153.

[295] Apg. 2, 38. Man vergl. auch Mark. 16, 16; Apg. 22, 16; Joh. 3, 5; Gal. 3, 26. 27.

[296] 1. Kor. 15, 14. 15. 17. 19. 29. 30.

[297] Das Neue Testament II, S. 141.

[298] Gegen Marcion V, Kap. 10.

[299] Eusebius, Kirchengeschichte III, Kap. 28.

[300] Epiphanius XXVIII, Kap. 6. Vergl. auch *Dr.* Augusti, Denkwürdigkeiten aus der christl. Archäologie VII, S. 117, und *Dr.* Hans Lietzmann, Handbuch zum N. Testament III, S. 152.

[301] Vierzigste Homilie über den 1. Korintherbrief.

[302] Siehe ihre Schrift „Biblische Hinweisungen" von Brändli-Schultheß, S. 112–116 und ihrem Traktat „Erlösung für die Toten", S. 10 ff.

[303] Apostolische Briefe, erklärt aus den Relig. Meinungen des 1. Jahrh., 1787, S. 312.

[304] Rede auf die heilige Taufe, Kap. 40; vergl. noch *Dr.* Augusti, Denkwürdigkeiten aus der christl. Archäologie VII, S. 116.

[305] Über die Ketzereien, Kap. 2.

[306] Hefele, Konziliengeschichte II, S. 56.

[307] Über die Taufe, Kap. 13, 14 und 15.

[308] Ruperti, Geschichte der Dogmen, S. 260; man vergl. auch Blanck, Geschichte des protestantischen Lehrbegriffs V, S. 207.

[309] Matth. 3, 15.

[310] Mark. 16, 15. 16.

[311] Apg. 9, 4–6.

[312] Siehe Apg. 21, 1–16.

[313] Als Beweis lese man Apg. 2, 37–41; 8, 5–13. 25. 40; 10; 16, 13–15. 25–34; 18, 1–8; 19, 1–7. Vergl. noch Eisenlohr, Historische Bemerkungen über die Taufe, S. 85–87.

[314] Geschichte der Dogmen, S. 258. 259; vergl. noch Schröckh, Kirchengeschichte XXIX, S. 472. 488; Neander, Der hl. Bernhard und sein Zeitalter, S. 240, und *Dr.* Augusti, Denkwürdigkeiten aus der christl. Archäologie VII, S. 204.

[315] Matth. 28, 19.

[316] Apg. 10.

[317] Apg. 19, 1–7.

[318] Apg. 20, 20.

[319] Luk. 18, 16; Mark. 10, 16.

[320] Joh. 4, 2.

[321] Eph. 6, 4.

[322] Bibl. Kommentar I, S. 719. 720.

[323] Die kirchl. Erziehung zum Christentum in Anträge und Vorschläge württemb. Pfarrer, S. 15.

[324] Apg. 10, 44. 48.

[325] Apg. 16, 40.

[326] Bibl. Kommentar II, S. 738.

[327] Apg. 16, 32–34.

[328] 1. Kor. 16, 15.

[329] Kirchengeschichte, Hamburg 1826, I, S. 362.

[330] Sakramente und Sakramentalien, S. 121.

[331] Zur Rechtfertigung der Kindertaufe in Zeitschrift für Theologie und

Kirche, 1896, S. 279.

[332] Herzog, Real-Encyklopädie XV, S. 431, Art. „Taufe".

[333] Hauck XIX, S. 403, 3. Aufl. Art. „Taufe".

[334] Bibel-Lexikon V, Art. „Taufe", S. 467.

[335] Meyers Kommentar, 1888, S. 196.

[336] Handkommentar zur Stelle, S. 102.

[337] Bibl. Kommentar III, S. 571.

[338] Zur Geschichte der Kindertaufe in Theologische Studien und Kritiken, 1830, S. 671.

[339] Die Bedeutung der Taufe im N. Testament in Zeitschrift für kirchliche Wissenschaft, 1888, S. 362.

[340] Neutestamentliche Theologie II, S. 240. 241.

[341] Taufe und Abendmahl bei Paulus, S. 22.

[342] Schmid, Encyklopädie des Erziehungs- und Unterrichtswesens IX, S. 395, Art. „Taufe".

[343] Riehm, Handwörterbuch des bibl. Altertums II, S. 1620, Art. „Taufe".

[344] N. Testament mit Erklärungen, S. 103.

[345] Neues Tagblatt von Stuttgart vom 21. Jan. 1908, S. 3.

[346] Pater Scheffmacher, Kontroverskatechimus, Aachen 1901, S. 111; vergl. auch S. 38. 48.

[347] So z. B. Luthardt, Kompendium der Dogmatik, Leipzig 1878, S. 311.

[348] Hauck, Real-Encyklopädie XIX, S. 446, Art. „Taufe".

[349] In dessen Zeitschrift „Licht und Leben" vom 8. März 1906.

[350] Die Kindertaufe, S. 149. 150.

[351] Der Altkatholizismus, S. 51. 52.

[352] Kol. 2, 11.

[353] Apg. 15.

[354] Apg. 16, 3.

[355] Gal. 2, 3–5.

[356] Kindertaufe, S. 150. 151.

[357] Gal. 6, 15; Matth. 3, 8. 9; Joh. 1, 13; 3, 3. 5. 6; Gal. 3, 7. 8; 5, 6; Röm. 4, 11; 9, 8; 2. Kor. 5, 16.

[358] Gal. 3, 8. 9. 22. Im Konfirmationsbüchlein des Königreichs Württemberg, Ausgabe von 1884, Frage und Antwort 4, Seite 5, wird derselbe Grundsatz vertreten, den auch der Konfirmand in öffentlicher Gemeine stets bekennen muß.

[359] Joh. 3, 16–22.

[360] Joh. 1, 12. 13.

[361] Gal. 3, 28; Kol. 3, 11; Röm. 10, 12; 1. Kor. 12, 13.

[362] Gal. 3, 29.

[363] Gal. 5, 6.

[364] Röm. 3, 9–12. 23; Jes. 64, 5 [6].

[365] Röm. 5, 12.

[366] Röm. 6, 23; 1. Kor. 15, 22; 1. Joh. 1, 7; 5, 11. 12; Apg. 4, 12.

[367] Joh. 7, 38.

[368] Joh. 3, 3. 5; 2. Kor. 5, 17.

[369] Mark. 10, 14; 16, 16; Eph. 4, 5; Matth. 3, 13–15.

[370] Müller, Evang. Konkordienbuch, S. 119. 121.

[371] Siehe Luthers Kleinen und Großen Katechismus.

[372] Walch X, S. 127.

[373] Die Kindertaufe, S. 16.

[374] Ebendaselbst, S. 17.

[375] Evangelisches Konkordienbuch, S. 96.

[376] Die Kindertaufe, S. 20. 21.

[377] Vergl. hier Walch X, S. 131.

[378] Röm. 10, 17. 14.

[379] Großer Katechismus in Müller, Evangelisches Konkordienbuch, S. 271.

[380] Die Kindertaufe, S. 22–25.

[381] Man lese sorgfältig nachfolgende Texte: Joh. 1, 12. 13; 3, 3. 5; 1. Joh. 5, 1. 4; Tit. 3, 4. 5; 1. Petri 1, 3–5. 18–23; Jak. 1, 18; vergl. Apg. 2, 38–41; 8, 5–12. 26–40; 9, 3–20; 10; 16, 13. 14. 25–33.

[382] Die kirchliche Erziehung zum Christentum in „Anträge und Vorschläge württemb. Pfarrer", S. 14. 15.

[383] Siehe die Verhandlungen der Synode im „kirchl. Anzeiger von Württemberg" vom 21. März 1907.

[384] Im Gemeindeblatt der Johanniskirche, Stuttgart 1908, Heft 1.

[385] Versuch einer christlichen Dogmatik, S. 237.

[386] So Höfling in seinem Buch „Das Sakrament der Taufe", I, S. 114.

[387] Erste Apologie, Kap. 15.

[388] Herzog, Real-Encyklopädie XV, S. 435, Art. „Taufe"; vergl. auch Semisch, Justin der Märtyrer II, S. 432.

[389] Erste Apologie, Kap. 61.

[390] Semisch, Justin der Märtyrer II, S. 431.

[391] Wider die Häresien II, Kap. 22; auch in Neander, Kirchengeschichte I, S. 398. 399.

[392] Ebr. 4, 15; 2, 17. 18.

[393] Grabes Ausgabe von Irenäus' Schriften, Kap. 20 und 41.

[394] Handbuch der christl. Dogmengeschichte II, S. 344.

[395] Dogmengeschichte § 72, S. 164, Anm. 4.

[396] Über die Taufe, Kap. 18.

[397] Kirchengeschichte I, S. 400.

[398] Geschichte der Dogmen, S. 256.

[399] Booth, *Paedobaptism* II, S. 79. 80.

[400] Kirchengeschichte I, S. 403.

[401] Cyprian, Epistel 64, Kap. 5, an Fidus und Origenes über Luk. Hom. XIV.

[402] Hefele, Konziliengeschichte II, S. 116. 700.

[403] Kirchengeschichte I, S. 401.

[404] Booth, *Paedobaptism* II, S. 128.

[405] Kirchengeschichte I, S. 401.

[406] Cyprian, Epistel 64 an Fidus.

[407] Ist die Kindertaufe schrift- und rechtmäßig? S. 79. 80.

[408] Homilie VIII (§ 3), zu 3. Mose.

[409] Homilie XIV zu Lukas.

[410] Homilie V (§ 6) zum Römerbrief; vergl. auch Herzog, Real-Encyklopädie XV, S. 435, Art. „Taufe".

[411] Kirchengeschichte I, S. 402. 403.

[412] Handbuch der christlichen Dogmengeschichte, T. III, S. 348.

[413] Handwörterbuch des biblischen Altertums II, S. 1620.

[414] *The New Directory for Baptist Churches*, S. 478: Bunsen, *Hippolytus and his age, Vol. I. p. 184 and Vol. III. p. 180.*

[415] Booth, *Paedobaptism* II, S. 76. 77.

[416] *Christianity and Mankind* II, 105. 106.

[417] Bd. I, S. 283. 284.

[418] Rede auf die hl. Taufe, Kap. 28.

[419] Vergl. Ruperti, Geschichte der Dogmen, S. 259 und *Dr.* Augusti, Denkwürdigkeiten aus der christl. Archäologie VII, S. 62. 63.

[420] Hefele, Konziliengeschichte II, S. 116.

[421] Kanon 110.

[422] Neander, Der heilige Bernhard und sein Zeitalter, S. 240.

[423] Ebendaselbst, S. 160.

[424] Christl. Kirchengeschichte XXIX, S. 516.

[425] Der hl. Bernhard und sein Zeitalter.

[426] Lehrbuch der Liturgik II, S. 8 in „Sammlung von Lehrbüchern der praktischen Theologie", herausgegeben von *Dr.* H. Hering III. Berlin 1909; vergl. auch Schaff, Kirchengeschichte, S. 337. 814. 1156.

[427] Hefele, Konziliengeschichte III, S. 349.

[428] Ebendaselbst, S. 637.

[429] Vergl. z. B. die große Synode von Aachen 836 II, Kan. 5, Hefele, Konziliengeschichte IV, S. 90; ebenso das Konzil zu Mainz von 851 oder 852, Kan. 16, Hefele, Konziliengeschichte IV, S. 180.

[430] Bedenken Luthers von der Taufe, so von Weibern in der Not geschehen (Walch X, S. 2130).

[431] Wer über diesen Punkt Genaues wissen will, den verweisen wir auf *Dr.* Augusti, Denkwürdigkeiten aus der christl. Archäologie VII, S. 117. 118, und Herzog, Real-Encyklopädie XV, S. 470, Art. „Taufe", sowie auf einen interessanten Aufsatz über ultramontane Eingriffe in die Freiheit der Wissenschaft von dem Berliner Universitätsprofessor, Geheimer Medizinalrat v. Hausemann, der teilweise in unserer Zeitschrift „Der Protestant" Nr. 4, 1911, S. 93 zum Abdruck gelangte.

[432] Schröckh, Kirchengeschichte XXIX, S. 252.

[433] Bingham, *Antiquities* XI, Kap. 4.

[434] *Dr.* Augusti, Denkwürdigkeiten aus der christl. Archäologie VII, S. 125.

[435] Hefele, Konziliengeschichte III, S. 85.

[436] *Dr.* Augusti, Denkwürdigkeiten aus der christl. Archäologie VII, S. 125. 126.

[437] Schröckh, Kirchengeschichte XXIX, S. 160.

[438] Vergl. Drews in Hauck, Real-Encyklopädie XIX, S. 446, Art. „Taufe" sowie Zwingli „Vom Touf, vom Wiedertouf und vom Kindertouf" vom Jahre 1525.

[439] Hauck, Real-Encyklopädie XXI, S. 794. 795, Art. Zwingli; Cramp, Geschichte der Baptisten, S. 201.

[440] Der christl. Glaube, 2. Teil, S. 323.

[441] Cox, *Sabbath Laws*, p. 260.

[442] Die kirchliche Erziehung, S. 18.

[443] Die Kindertaufe, S. 156.

[444] Zitiert von Caspari in Hauck, Real-Encyklopädie X, S. 678, Art. „Konfirmation".

[445] Vergl. *Dr.* Gmelin, Die kirchl. Erziehung zum Christentum in „Anträge und Vorschläge württemb. Pfarrer", S. 16.

[446] Die Kindertaufe, S. 139.

[447] Schaff, Kirchengeschichte, S. 818.

[448] Hebich, „Ein Beitrag zur Geschichte der indischen Mission", S. 3.

www.ingramcontent.com/pod-product-compliance
Lightning Source LLC
Chambersburg PA
CBHW021810230426
43669CB00008B/699